1 등 온라인

Online shopping mall

쇼핑몰의 비밀

스타일난다 · 무신사 같은 쇼핑몰을 어떻게 만들까?

1등 온라인 쇼핑몰의 비밀

초판 1쇄 발행 2018년 6월 26일
초판 4쇄 발행 2023년 2월 7일

지은이 오완구

발행인 백유미 조영석
발행처 (주)라온아시아
주소 서울특별시 서초구 효령로34길 4, 프린스효령빌딩 5F

등록 2016년 7월 5일 제 2016-000141호
전화 070-7600-8230 **팩스** 070-4754-2473

값 14,300원
ISBN 979-11-89089-20-7 (03320)

1등 온라인 쇼핑몰의 비밀

Online shopping mall

오완구 지음

RAON BOOK

머 리 말

온라인 마켓에서 승리하는
지피지기 생존 전략

최근 온라인 쇼핑 창업에 대한 열기가 뜨겁다. 온라인 쇼핑몰 ‘스타일난다’가 세계 최대 화장품 기업 로레알그룹에 약 5천억 원대에 인수됐다는 기사가 나면서 온라인몰 창업에 관한 문의가 많아지고 있다. 대부분 스타일난다와 같은 대박을 꿈꾸거나 현재보다 더 많은 매출을 올리고 싶다는 문의다.

“10명 중 8~9명은 실패에 직면한다.”

창업의 어려움을 단적으로 표현하는 말이다. 불황과 치열한 경쟁 등 현실은 결코 만만치 않다.

나 역시 처음 사업을 시작할 때는 생각처럼 순탄하지 않았다. 포털사이트 다음커뮤니케이션 등 대기업에서 근무했던 10여 년간의 직장 생활을 통한 경험과 인프라를 믿고 자신만만하게 시작했지만 그 환상이 깨지는 데는 오랜 시간이 걸리지 않았다. 직장 생활을 할 때와 내 사업을 하면서 겪는 실제 현실은 너무 달랐기에 새롭게 시작하는 자세가 필요했다. 이렇게 창업을 한 후 하나하나 몸으로 부딪혀가면서 배운 경험들이 더 많았다. 현재는 온라인 쇼핑 유통 관련 사업이 어느 정도 자리를 잡았고, 외부 강의나 컨설팅도 병행하고 있다.

창업이 어렵다고 하지만 성공하는 사람들은 분명 있고, 그 성공을 위해 지금 열심히 준비하는 분들이 많다. 이 책은 쇼핑몰 창업을 계획하는 분들을 위해 쓰기 시작했다.

온라인 쇼핑몰 관련 책은 상당수가 쇼핑몰 제작이나 '○○마켓에서 10억 벌기' 식으로 오픈마켓이나 소셜커머스 같은 특정 쇼핑몰에서의 개인 성공 사례를 담고 있다. 마치 본인이 하는 방식을 따라 하기만 하면 누구나 성공할 것처럼 얘기하지만 한 사람의 성공 사례가 누구에게나 맞는 것은 아니다. 또한 현장에서 상품 하나 팔아보지 않고 쓴 기획서 형식의 책은 공감하기 어렵다.

요즘은 시중에 저렴하게 사용할 수 있는 임대형 쇼핑몰도 많이 있고, 일부는 호스팅 비용만 내면 무상으로 사용할 수도 있다. 그런데 이러한 정보를 잘 모르면 쇼핑몰 사이트를 구축하느라 고생하게 된다. 쇼핑몰 기획, 디자인, 코딩 등 쇼핑몰 사이트를 구축하는 데 너무 많은 비용과 시간을 투자하기보다 비즈니스와 관련된 부분에 더 신경을 쓰는 것이 효율적이다.

쇼핑몰 회사에서 담당자로 10년, 이후 사업가로 10년간 배우고 경험한 것들을 나누고 싶다는 생각이 들었다. 쇼핑몰 담당자와 판매자 양쪽의 경험을 토대로 쇼핑몰 입점이나 운영 방법, 마케팅 방법 등을 담았다. 독자 여러분의 성향이나 역량에 따라 다양한 방식으로 응용해보는 것도 좋을 것이다.

이 책은 쇼핑몰 창업 준비 과정과 마음가짐에 관한 내용으로 시작한다. 먼저 1장에서는 치열한 경쟁 환경에서 철저한 준비를 통해 사업 초기의 어려움을 극복하고 성공으로 이끄는 전략을 소개한다. 2장에서는 빠르고 다양하게 변화하는 소비자의 쇼핑 트렌드를 분석하고, 4차 산업혁명 시대에 쇼핑 서비스가 어떻게 변화해나갈지에 대한 전망 및 대응 방안을 모색한다.

3장에서는 온라인 쇼핑몰의 다양한 유형을 소개하며 각 채널별 공략법을 다룬다. 오픈마켓이나 소셜커머스의 입문 과정만 간략히 다룬 책들이 대부분인 상황에서 여러 쇼핑몰 채널에 대한 소개와 접근 전략이 필요하다. 내가 지난 10여 년간 각 채널에서 직접 사업을 진행해온 생생한 경험을 토대로 성공 방법을 제시하고자 한다.

4장과 5장에서는 상품 소싱과 판매 준비 과정 및 마케팅 방법을 소개한다. 일반론적인 내용보다는 실제 사례를 통해 1인 사업가 또는 실무 담당자가 다양하게 응용할 수 있는 실전 방법들을 담았다.

온라인 쇼핑몰에 관심 있거나 창업을 꿈꾸는 분들 또는 사업 초기에 조언이 필요한 분들에게 이 책이 유익한 도움이 되기를 바란다. 책을 읽고 실제 사업에 적용해서 좋은 성과를 올린다면 더할 나위 없이 기쁠 것이다. 모쪼록 여러분의 성공을 기원한다.

책을 집필하면서 첫 직장에 입사하던 때가 떠올랐다. KTH에 입사해서 며칠간 오리엔테이션을 마친 후 특수영업팀으로 발령을 받았다. 5명의 신입사원이 해당 팀 앞에 쭈뼛쭈뼛 서 있으니 팀장님이 빈자리 아무 데나 앉으라고 했다. 당시 쇼핑 파트, 광고 1파트, 광고 2파트가 있었는데 나도 모르게 앉은 자리가 쇼핑 파트였다. 그날부터 시작된 쇼핑 업무가 지금은 내 사업이 되었고, 이 분야에 몸담은 지 20여 년이 되어가고 있다. 그동안 인터파크, 롯데닷컴을 시작으로 많은 온라인 쇼핑몰의 등장과 발전 과정을 지켜보고, 때로는 그 한가운데 뛰어들어 함께 해왔다.

그동안 많은 분들께 도움을 받았다. 직장 생활을 하며 도움을 주고 추억을 쌓은 선후배와 동료들, 사업을 시작하면서 신뢰로 함께 협업해온 파트너들께 감사한 마음을 전한다. 그리고 한마음으로 일하는 우리 회사 구성원들에게 늘 감사하다.

마지막으로 가족에게 사랑과 감사를 표하며, 특히 책을 쓰는 데 가장 큰 힘이 되어준 딸 한나에게 이 책을 바치고 싶다.

인완주

CONTENTS

머리말_ 온라인 마켓에서 승리하는 지피지기 생존 전략 • 6

1장 잘 팔리는 온라인 쇼핑몰 창업하기

돈 버는 쇼핑몰 창업, 어떻게 준비해야 할까? • 17

불황에 뜨는 온라인 쇼핑몰 • 24

필승 전략, 본질에 집중하라 • 30

창업 초기, 죽음의 계곡 뛰어넘기 • 33

사업 확장 방법과 유의 사항 • 39

[필승 지피지기 전략_ 에피소드 1] 아이템 선정, 어떻게 할까? • 46

2장 온라인 쇼핑 비즈니스, 성공 기회는 남아있다

1인 중심 쇼핑족이 늘었다 • 51
빅데이터 시대, 새로운 쇼핑 시장을 선점하자 • 61
[필승 지피지기 전략_ 에피소드 2] 가격표기 오류를 조심하라 • 72

3장 온라인 쇼핑몰 처음 시작하기 : 쇼핑몰별 특징 및 공략법

쇼핑몰 입문하기, 오픈마켓, 소셜커머스 • 77
스마트스토어 입점하기 • 87
카카오 메이커스 입점하기 • 97
백화점 같은 종합몰 • 101
틈새시장 전문몰 • 111
숨겨진 알짜 폐쇄몰 • 118
홈쇼핑 진출하기 • 130
TV로 쇼핑하는 데이터홈쇼핑 • 140
나에게 맞는 쇼핑몰 선택하기 • 147
[필승 지피지기 전략_ 에피소드 3] 고객 클레임 대처하기 • 152

4장 실전, 온라인 쇼핑 사업 시작하기

히트 상품 소싱하는 법 • 157

상품 공급처 관리가 중요하다 • 171

판매할 때 주의해야 할 상품 • 181

상표권, 저작권 등 지식재산권을 조심하라 • 189

매출을 2배로 올리는 상세 페이지 제작법 • 196

배송 서비스 어떻게 할 것인가? • 209

[필승 지피지기 전략_ 에피소드 4] 상품별 카테고리 특징 확인하기 • 218

[필승 지피지기 전략_ 에피소드 5] 고객 정보는 한 번 더 확인 • 220

5장 대박을 내는 마케팅 핵심 전략

상품 라이프사이클 전략 • 225

매출을 올리는 프로모션의 종류와 활용법 • 231

고객 심리를 이용한 프로모션 전략 • 239

MD 공략하기 • 249

PMD 필링기 론칭 성공 사례 • 258

[필승 지피지기 전략_ 에피소드 6] 사은품 전략 • 268

1장 »

잘 팔리는 온라인 쇼핑몰 창업하기

돈 버는 쇼핑몰 창업,
어떻게 준비해야 할까?

'온라인 쇼핑몰로 돈 좀 벌어보고 싶은데….'
'어떤 아이템이 좋을까? 내 역량으로 가능할까?'
'사업 준비에 필요한 기간은 어느 정도일까? 창업 자금은 얼마나 필요할까?'
'도대체 무엇부터 시작해야 한단 말인가?'

온라인 쇼핑몰 창업에 대한 강의나 세미나를 열면 10대부터 40~50대까지 다양한 연령대의 사람들이 참석한다. 직업도 회사원부터 학생, 전업주부, 사업가까지 다양하다. "왜 온라인 쇼핑몰 사업을 하려고 하세요?"라고 물어보면 창업 자금이 적게 들고 큰 전문지식이나 경험 없이도 쉽게 시작할 수 있을 것 같아서라고 대답한다.

많은 사람들이 한 번쯤 온라인 쇼핑몰 사업을 생각해본다. 구체적인 계획이 없더라도 말이다. 하지만 막상 '그래, 한번 해보자' 하고 시작하려면 무엇부터 어떻게 해야 할지 막막하다.

"액세서리 쇼핑몰을 운영하고 싶은데 어떻게 준비해야 할까요?" "온라인 쇼핑몰에서 물건을 팔면 한 달에 어느 정도 벌 수 있나요?"

'한 달에 몇백만 원의 수익을 올리는 쇼핑몰을 운영하고 싶다'고 꿈꾸지만, 일주일에 상품 1개도 못 파는 쇼핑몰이 허다하다. 온라인 쇼핑몰을 창업하기는 매우 쉽다. 하지만 시작이 쉬운 만큼 성공하기는 어려운 분야이다. 골목마다 자리 잡은 편의점의 수가 2017년 말 기준 총 4만 개 정도이다. 그런데 이런 편의점 수를 훌쩍 뛰어넘는 것이 바로 국내 온라인 통신판매 사업자이다. 이는 어느 업종보다 경쟁이 치열하다는 의미다.

쉽게 시작할 수 있다고 해서 일단 창업하고 나서 '이제 무엇부터 해볼까?'라는 생각은 위험하다. 창업 전에 얼마나 준비를 잘하느냐에 따라 사업의 성패가 좌우된다. 또한 꼼꼼한 준비 과정은 성공의 반석에 더 빨리 오를 수 있는 지름길이다.

돈 버는 온라인 쇼핑몰 창업, 어떻게 준비해야 할까? 온라인 쇼핑몰 창업에 실패한 사람들을 두 부류로 나눌 수 있다. 첫째 사업을 너무 쉽게 생각한 경우, 둘째 너무 어렵게 생각한 경우이다.

전자의 경우 사업 시작 후 몇 달 안 되어 포기하는 사람들이 많다. 후자는 몇 년간 이런저런 고민만 하면서 시작하지도 못하고 주저하기만 한다. 다른 사업도 그렇지만 온라인 쇼핑몰 역시 너무 쉽게만 생각해서도, 너무 오랜 기간 고민하며 미루기만 해서도 안 된다.

쇼핑몰을 창업하려면 어느 정도 준비하는 것이 좋을까? 추천하는 기간은 최소 6개월~1년이다. 그렇다면 이 기간에 무엇을 준비해야 할까. 창업 전 준비해야 할 사항은 생각보다 많다. 다음에 소개하는 '온라인 쇼핑몰 창업 전 준비 사항은 무엇인가?'를 꼼꼼히 살펴보자.

TIP 온라인 쇼핑몰 창업 전 준비 사항은 무엇인가요?

① 온라인 쇼핑몰 창업 관련 책을 2권 이상 읽어라.

쇼핑몰 사업 관련 책을 읽어보면 어떤 일을 해야 할지 전체적인 윤곽이 잡힐 것이다.

② 온라인 카페나 동호회에 가입하라.

창업을 준비 중인 사람들과 서로 필요한 정보를 교환할 수 있으며, 이미 사업을 시작해서 성과를 내고 있는 사람들에게 노하우를 얻을 수 있다. 오프라인 모임에도 참석해 인맥을 쌓는 것도 중요하다.

③ 검색 광고나 블로그, SNS 등에 관심을 가져라.

단순히 상품만 올린다고 해서 잘 팔리는 것은 아니다. 온라인 쇼핑몰은 오프라인 매장처럼 길을 가다 우연히 상품을 볼 수 있는 구조가 아니다. 온라인 쇼핑에서 가장 중요한 것은 갖고 있는 상품을 잘 알리는 것이다. 이때 온라인과 모바일 관련 모든 매체가 광고, 홍보 수단이 될 수 있다. 미리 다양한 매체를 접해보고 해당 매체에 대해 알아둔다면 분명 사업에 도움이 될 것이다.

④ 온라인 판매 체험을 해보라.

지피지기면 백전백승. 쇼핑몰을 본격적으로 운영하기 전, 즉 매출이 발생하기 전에 수수료 등 별도의 비용이 발생하지 않는 오픈마켓에 상품을 올려보고 온라인 쇼핑의 업무 프로세스를 경험해보자. 옥션이나 G마켓, 11번가 등 오픈마켓에 개인 셀러로 가입한 다음 상품을 하나라도 등록해서 판매해보는 것이다.

⑤ 취급할 아이템을 찾아라.

판매할 아이템을 찾는 것이 가장 중요한 일이다. 아이템을 선정할 때는 되도록 지금까지 해왔던 일과 연관이 있거나 관심 있는 분야의 상품부터 눈여겨보는 것이 좋다. 취급할 아이템을 선정하는 과정에서 경쟁 상품 및 타깃 고객에 대한 시장조사는 필수이다.

⑥ 자체 쇼핑몰을 운영할 것인지를 정하라.

쇼핑몰 사이트를 직접 만들 것인가? 임대해서 운영할 것인가? 아니면 오픈마켓, 종합몰 등 대형 쇼핑몰에 입점해서 판매할 것인가? 물론 모두 병행할 수도 있다.

⑦ 창업 절차 업무를 확인하라.

쇼핑몰을 운영하려면 사업자등록증 신고(세무서, 국세청 홈택스), 통신판매업 신고(관할 시청 및 구청, 민원24 홈페이지)가 필요하다. 또 의료기기, 건강기능식품 등을 취급할 계획이라면 관련 인허가 절차도 미리 확인해두어야 한다.

⑧ 세무·회계 지식을 쌓아라.

사업을 하다 보면 가장 난감한 순간이 세금과 재무 관련 업무를 처리할 때이다. 월급을 받을 때는 회사에서 알아서 세금을 계산해주었기 때문에 관련 분야의 예산과 집행한 영수증 처리 정도만 하면 되지만 사업은 다르다. 본인이 하나에서 열까지 모두 직접 해야 한다. 부가가치세, 종합소득세(또는 법인세), 업종 관련 과세와 면세, 4대 보험까지 알아두는 것은 기본이다. 이외에 간단한 대차대조표와 손익계산서 항목도 알아두는 것이 좋다.

⑨ 창업 자금의 규모를 검토하라.

창업에 필요한 자금이 얼마나 될지 용도별로 구체적으로 정리한다. 그리고 이를 어떻게 조달할 것인지에 대해서도 미리 구상해두어야 한다. 수익이 날 때까지의 운영 자금도 염두에 두어야 한다.

⑩ 관련 강의나 세미나에 참석하라.

비슷한 분야에서 먼저 사업을 시작하고 기반을 닦은 사람들의 성공 사례는 사업 준비를 하는 데 밑거름이 된다. 광고, 마케팅, 쇼핑 채널별 판매 노하우 등 전문 강사의 강의를 들어보라. 요즘은 창업 및 보육기관에서 정부나 지자체의 지원을 통해 다양한 무료 강의 서비스를 제공하고 있다.

불황에 뜨는 온라인 쇼핑몰

> '불황에 간판집이 제일 잘된다'는 말이 있다. 경기가 어려울 때일수록 자영업자의 개·폐업이 늘어나기 때문이다. 사업을 하는 사람들 사이에 어느덧 '불황'이라는 단어가 입에 붙은 듯하다. 너도나도 사업 환경이 갈수록 안 좋아진다고 하소연한다. 하지만 불황 탓만 하며 손 놓고 있을 수는 없다.

아무리 호경기라도 사업이 망하는 사람이 있는 반면 최악의 불경기에도 큰 성과를 이루는 사람이 있다. 불황만을 탓하며 스스로를 위로하기보다는 현 상황을 타개할 방법을 모색하고 부단한 노력을 기울이면 길이 생기게 마련이다.

불황에도 뜨는 쇼핑몰에는 어떤 것이 있을까? 같은 상품이라도 어떻게 기획해서 판매하느냐에 따라 성과가 크게 달라질 수 있다. 온라인 쇼핑몰을 운영하고 있는 사람들의 경우 매출이 정체돼 있거나 재고가 쌓여 있다면 가성비 높은 B급 상품을 묶어서 마케팅을 해보라. 소비자들은 저렴하게 사기를 원한다.

쇼핑몰 기획과 마케팅 전략을 세울 때는 철저하게 판매자가 아닌 고객의 관점에서 생각하는 것이 무엇보다 중요하다. 지금부터 불황에도 소비자에게 어필할 만한 쇼핑몰에 대해 알아보자.

매출이 급성장하는 렌털 서비스 상품 쇼핑몰

공기청정기, 정수기, 가습기 등 집집마다 웬만하면 렌털 상품을 하나씩은 갖고 있을 것이다. 모 정수기 브랜드는 코디라는 서비스 관리자가 주기적으로 필터를 교체하고 위생이나 기능 상태를 점검해줌으로써 인기를 끌었다. '렌털 상품'이라고 하면 이렇게 정기적으로 점검하고 관리를 해주는 상품으로 국한해서 생각한다.

그런데 최근에는 TV, 냉장고, 컴퓨터, 침대, 안마의자, 러닝머신, 피아노 등 예전에는 목돈을 들여 구매하던 상품들을 다달이 얼마의 비용을 내고 렌털하는 서비스가 급증하고 있다. 최근 홈쇼핑에서 크게 히트하고 있는 바디프랜드 안마의자도 렌털 판매 비중이 압도적으로 높다.

나도 10여 년 전부터 승마 운동기구 및 실내 운동기구를 온라인 및 홈쇼핑을 통해 판매와 렌털 서비스를 병행하고 있는데, 렌털이 지속적으로 늘어나면서 최근에는 전체 판매 비중의 80~90

퍼센트에 이르고 있다.

렌털 서비스가 크게 성장하는 이유는 무엇일까? 경기 불황으로 목돈을 내고 구입하기보다 매달 소액의 사용료를 내는 렌털 서비스가 소비자들에게 더 매력적으로 다가오기 때문이다. 말하자면 구매 심리를 잘 파고든 것이다. 사람들이 렌털 서비스를 장기 할부 개념으로 여기고 있으며, 특히 제휴 카드를 이용하면 할인 혜택을 받을 수 있어 이러한 구매 경향이 더욱 강해지고 있다.

판매자 입장에서도 렌털 방식이 더 이익이다. 렌털 상품 가격(월 렌털료×렌털 기간)이 일시불로 구매했을 때보다 높게 책정되기 때문이다. 렌털 방식은 의무 사용 기간이 약정되어 있고 일시불로 구매할 때보다 가격이 비싸지만, 무상 AS 기간이 길기 때문에 청소 등 정기적으로 관리가 필요한 상품의 경우 렌털이 더 편리하다. 이런 이유로 고객 선호도가 갈수록 렌털 방식으로 몰리고 있다.

다양한 렌털 상품

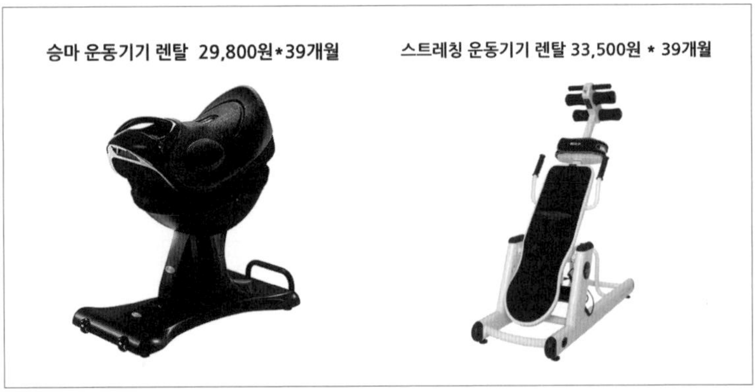

만약 취급하고 싶은 상품이 100만 원 전후 또는 그 이상의 가격대라면 렌털 방식의 판매를 고려해볼 만하다.

가성비 높은 B급 상품 쇼핑몰

마트에 전시된 B급 상품에 눈길이 간 적이 있을 것이다. 최근 불황이 계속되면서 가성비 좋은 B급 상품이 소비자의 주목을 받고 있다.

상품에 흠집이 있는 경우도 있지만 단순히 가격 태그(tag)가 떨어진 경우, 상품에는 이상이 없으나 포장지가 훼손된 경우, 이월 상품, 유효기간이 임박한 상품 등이 모두 B급 상품에 해당한다. 예전에는 B급 상품 하면 창고에 쌓여 처분하기 어려운 짐과 같은 존재였다. 운이 좋으면 도매로 헐값에 넘기거나 그렇지 않으면 지인에게 나눠 주거나 폐기 처분하기도 했다. 그러나 최근 소비자들은 약간의 하자를 감수하고 저렴하게 살 수 있는 B급 상품을 많이 찾는다. '살짝 스크래치가 나서 싸게 파는 샤넬백'을 떠올려 보라.

B급 상품만 모아서 판매하는 쇼핑몰도 매년 급성장하고 있는데, 전시몰, 임박몰, 떨이몰 등도 회원 수와 매출액이 크게 증가하고 있다.

지금은 대형 쇼핑몰들도 이런 B급 상품들만 모아서 프로모션을 진행하는데 반응이 좋아 고정 코너로 운영하기도 한다. 우박이나 태풍 등으로 인한 B급 농산물의 경우에는 고향 농가를 살리자는 애향심 마케팅과 엮여 단박에 품절되기도 한다. 이런 B급 상품 프로모션이 큰 인기를 끌다 보니 심지어 판매 촉진을 위해 멀쩡한 정상 상품들이 관련 기획전에 대거 투입되기도 한다.

소포장과 가정간편식 쇼핑몰

'당일 포장 당일 배송 반찬', '진공포장 간편 닭가슴살 샐러드'…. 경기 불황에 소포장, 소형화 상품들의 매출이 급성장하고 있다. 1인 가구와 일하는 여성이 증가하면서 간편하게 배송받아 먹을 수 있는 소포장 상품들이 인기를 끌고 있다. 국부터 도시락까지 '혼밥족'을 위한 가정간편식(HMR, Home Meal Replacement) 시장도 크게 성장하고 있다. 게다가 배송 서비스가 워낙 잘되어 있다 보니 아침에 주문하면 저녁에 받을 수 있어 한 번 먹을 만큼만 주문하는 고객들이 늘어나고 있다.

얄팍한 지갑 사정에 선물도 많이 간소화하는 추세여서 이에 걸맞게 상품도 소포장, 소형화되고 있다.

셀프 인테리어 DIY 쇼핑몰

요즘은 저렴한 비용으로 혼자 할 수 있는 '셀프 인테리어'가 유행이다. 관련 카페나 블로그도 많이 생겼고, 전문 쇼핑몰도 증가 추세이다.

DIY(Do It Yourself) 상품의 가장 큰 장점은 역시 경제성에 있다. 판매자 입장에서는 보관, 포장, 운반, 조립에 드는 비용을 절감할 수 있기에 저렴하게 판매할 수 있다. 소비자 입장에서도 간단한 가구의 경우 드라이버만 있으면 쉽게 조립할 수 있어 큰 부담이 없고, 약간의 수고를 통해 비용을 절감했다는 뿌듯함을 느낄 수 있다.

고객은 자기 취향에 맞는 옵션을 선택하여 나만의 독특한 가구를 만들 수 있고, 이사할 때도 간단한 방법으로 부피를 줄일 수 있다. 이러한 이점 때문에 DIY 상품은 가구를 비롯해 인테리어 소품, 의류, 잡화 등으로 그 폭이 확대되고 있다.

불황에도 잘 팔리는 상품은 분명 있다. 주의할 점은 평범한 상품으로는 경쟁하기 어렵다는 것이다. 사람들의 니즈(Needs)를 파악하고 그에 맞는 상품 기획과 판매 방식을 고민해야 한다.

필승 전략,
본질에 집중하라

> "이 멍청이! 문제는 경제야, 경제!(It's economy, idiot!)"
> 빌 클린턴이 대통령 선거에서 내건 구호이다.
> 문제를 해결하고 앞으로 나아가기 위해서는 문제의 본질이 무엇인지 파악하는 것이 우선이다.

온라인 쇼핑 사업을 성공적으로 이끌기 위한 가장 중요한 요인은 무엇일까? 반대로 사업이 망한다면 가장 큰 원인은 무엇일까? 사람마다 견해가 다르고, 그러한 생각을 하게 된 배경 역시 다양할 것이다.

여러 가지 성공 요인이 있겠지만, 큰 틀에서 본다면 아이템, 네트워크, 마케팅, 자금을 들 수 있다.

"자금이 조금만 더 있었어도…."

최근 사업이 잘되지 않아 어려움을 겪고 있는 모 회사의 대표와 만나서 이야기를 나누었다. 그는 사업이 잘 안 되는 이유가 자

사업 성공 요인

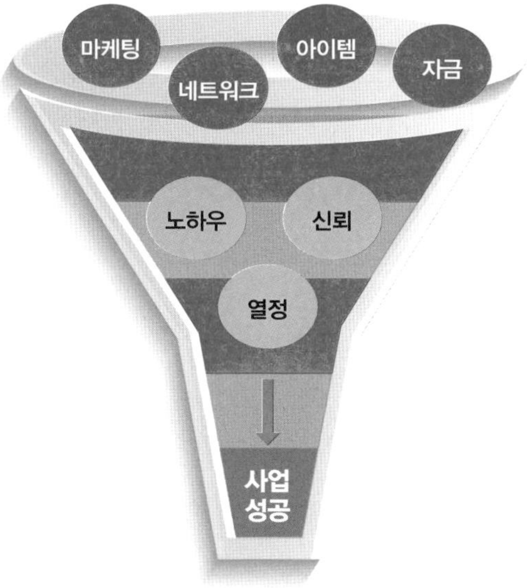

금이 부족해서라고 한탄했다. 초기 투자 자금이 거의 바닥나면서 회사가 위기에 봉착했다는 것이다. 그런데 회사가 어려운 원인이 정말 자금 부족일까?

이 회사의 주력 상품들은 인기 브랜드와 유사한 상품을 따라 만든 '미투(me too) 상품'들이다. 물론 미투 상품이라고 무조건 문제가 되는 것은 아니다. 유행이 시작되는 초기라면 더 나은 기술력이나 디자인 또는 경쟁력 있는 가격으로 발 빠르게 상품을 출시하면 '대박'은 아니더라도 '중박'은 가능하다. 하지만 그 상품이 유행의 정점에 있다면 '또 나왔어?'로 끝나고 만다.

이 회사는 차별화되고 특징적인 경쟁력 없이 유행하는 상품을 단순 벤치마킹하고 있었다. 또 온라인 쇼핑몰을 외주로 어렵게 구축하고 내부에 전문 인력 없이 광고대행사를 통해 마케팅과 광고를 하고 있었다. 문제는 효과가 미미한 것에 비해 비용은 꽤 많이 지출된다는 것이었다.

여기까지 읽어보았다면 다시 한번 생각해보자. 이 회사가 어려운 상황에 빠지게 된 근본 원인이 과연 대표의 말대로 자금 때문이라는 말에 동의하는가?

사업이 부진하고 회사를 위기에 빠뜨린 근본 원인은 따로 있는데 대표는 문제의 본질을 제대로 파악하지 못하고 있었다.

사업이 어렵다고 하는 사람들 혹은 너무 어려워서 사업을 접었다고 하는 사람들을 만나보면 그 원인으로 가장 많이 꼽는 것이 자금 부족과 경기 불황이다. 그러나 기업 진단을 해보면 다른 원인들이 내재되어 있는 경우가 많다.

'단군 이래 최대 불황', '경기가 바닥을 뚫고 지하로 내려갔다'는 말들을 하곤 한다. 경기는 늘 나쁘다. 자금 또한 그 누구도 무한히 융통할 수 없다. 그러니 외부 환경을 탓하기보다는 내부에서 근본적인 원인을 찾아봐야 한다. 그래야 문제를 해결하고 도약할 수 있다.

창업 초기,
죽음의 계곡 뛰어넘기

미국 모하비 사막에 데스밸리 국립공원이 있다. 평균기온 56도로 어떤 생명체도 살 수 없는 곳이다. 창업을 시작하면 여러 가지 대내외 변수가 발생하는데 이를 극복하지 못하면 바로 데스밸리(Death Valley), 즉 죽음의 계곡에 빠지게 된다.

'10명이 창업하면 잘해야 그중 1~2명 정도 살아남는다.'

많은 창업자들이 시작한 지 오래지 않아 여러 가지 이유로 위기에 빠진다. 특히 온라인 쇼핑몰 창업은 소자본으로 쉽게 시작할 수 있다 보니 무턱대고 뛰어드는 경우가 많다. 그러나 창업 후 지속적으로 성장해나가기가 생각보다 어렵다. 역량 있는 소수의 회사만이 힘겹게 죽음의 계곡, 데스밸리를 넘기고 성공한다.

그렇다면 창업한 지 얼마 안 되어 망하는 가장 큰 이유는 무엇일까? 바로 계획 없이 '마구 창업'했기 때문이다.

내가 포털사이트 다음(Daum)에서 쇼핑본부 신사업팀장을 맡고 있을 당시 하루에도 사업 제안 메일을 수십 통씩 받았다. 신규 비즈니스 모델에 관한 제안은 대부분 사업성이 미흡하여 정중한 거절의 회신을 보내야 했다. 그나마 괜찮은 곳이라고 판단되는 2~3곳과 미팅을 해도 구체적으로 진행되는 비율이 매우 낮았다. 그때 느낀 것이 사람들이 '창업을 너무 쉽게 한다'는 것이었다.

어떤 사업이나 마찬가지겠지만 아이디어만 내세우기보다 실제 사업을 진행할 때 구체적인 내용을 파악하고 그에 따른 사업성을 꼼꼼히 따져보아야 한다.

판매할 아이템을 정하고 온라인 쇼핑몰 창업을 하는 과정에서 마케팅 역량 부족이나 유통 채널 미확보, 자금 조달 문제 등으로

창업에 영향을 미치는 대내외 요인

인해 제대로 성장해보지도 못하고 도산하는 경우가 많다.

그렇다면 사업 초창기 어려움을 극복하고 성장하기 위해서는 어떻게 해야 할까? 자신이 목표로 하는 시장에 대한 이해와 전략이 필요하다. 시작하기 전에 해당 업무 분야에 대해 충분히 공부해야 한다. 업계에서 먼저 시작한 사람들에게 배우거나 온라인 쇼핑몰 관련 카페를 통해 인적 네트워크를 구축하는 등의 노력도 필요하다.

TIP 창업 성공 전략은 무엇인가요?

① 2층짜리 집이든 100층짜리 건물이든 설계도가 먼저다. 시작 전 창업 설계도를 그려라.

2층짜리 집을 짓든 100층짜리 빌딩을 짓든 건물을 세우려면 설계도를 먼저 그려야 하듯이 사업도 타임 스케줄에 따라 전략적으로 설계해야 한다.

사업은 장거리 경주와 같다. 지속적으로 달려야 하고 속도도 높여야 한다. 사업 시작 전, 시작하고 난 후 3개월, 6개월, 1년 등으로 기간을 세분화하여 목표를 정하고 그에 따른 준비 사항들을 계속 체크해나가야 한다. 분명 중간 중간 변수가 발생할 것이다. 하지만 창업 설계도에 따라 대응해나간다면 큰 리스크를 피할 수 있을 것이다.

② 사업 운영의 A부터 Z까지 알아야 한다.

온라인 쇼핑몰 사업은 대개 1인 기업으로 시작하는 경우가 대부분이어서 대표 혼자 모든 일을 처리하게 마련이다.

소수의 핵심 직원을 고용해서 업무 분장을 하고 사업을 시작하는 경우도 대표가 핵심을 알아야 일을 시킬 수 있다. 쇼핑몰 회사 직원들은 주로 MD, 마케팅, 디자인, CS, 수주 및 발주 등의 업무를 하게 되는데, 대표가 각 업무에 대해 어느 정도는 알고 있어야 제대로 진행되고 있는지 체크할 수 있다. 또한 직원들 간에 업무를 유기적으로 연결하여 시너지가 날 수 있도록 지휘해야 한다. 관련 업무를 전적으로 한 직원에게 의존하다 보면 직원의 갑작스러운 부재 또는 퇴사 시 회사가 위기에 봉착하기도 한다.

③ '그 돈 내고 사도 후회 안 할까?' 고객 입장에서 생각하라.

본인이 선정한 아이템에 대해 막연히 고객이 알아서 잘 사줄 것으로 생각해서는 안 된다. 특히 상품을 직접 제조해서 유통하는 회사의 대표들은 '내 상품이 최고'라고 생각하는 경우가 많다. 고슴도치도 자기 자식은 예뻐 보이게 마련이듯 그저 좋게만 생각하는 것이다. 그러나 시장은 냉정하다. '경쟁 상품보다 더 나은 가치를 제공하는가?' 고객의 시선으로 고객의 입장에서 객관적으로 질문해봐야 한다. 시장의 반응이 생각과 다르다면 그 원인을 파악하고 신속하게 대응하는 자세가 필요하다.

④ 자금은 부족할 수밖에 없지만, 너무 빡빡하게 책정하지는 않았는가?

사업 초반 몇 달간은 준비 기간으로서 매출이나 수익이 전혀 없을 수 있고, 수익이 발생하기까지 예상보다 몇 달 더 걸릴 수도 있다. 대부분의 창업자들은 상품이 팔리면 곧바로 수익이 생길 것이라 생각하고 사업 초창기 운영비를 너무 빡빡하게 책정하는 경우가 많다. 그러나 잘 안 될 경우도 반드시 염두에 두어야 한다.

'흑자 도산'이라는 말이 있다. 사업이 잘되고 있는 것 같은데 자금 흐름을 제대로 예측하지 못함으로써 일시적으로 자금이 묶여 도산하는 것을 의미한다. 거래처와 신뢰가 깨지면서 결국 사업이 위태로워지는 것이다.

⑤ 안 되었을 때를 대비한다.

막상 사업을 시작했지만 예상과 다른 상황에 봉착할 수 있다. 야심 차게 시장에 내놓았지만 고객의 반응을 얻지 못하거나, 상품은 팔리는데 원활하게 공급되지 않을 수도 있다. 특히 수입품의 경우는 제조사 사정이나 통관상의 문제 또는 인허가 문제 등이 빈번히 일어난다. 자금 계획이 틀어지는 경우도 있고, 품질상의 문제까지 발생할 수 있다. 생각지도 못한 경쟁 상품의 출현 등 돌발 상황은 얼마든지 발생하게 마련이다.

사업을 하다 보면 정말 생각지도 못한 여러 가지 문제에 직면할 수 있다. 어떠한 변수가 발생할지 체크해보고, 그에 대한 대응책도 가능한 범위 내에서 미리 강구해두는 것이 좋다.

사업 확장 방법과 유의 사항

사업이 성장해나가다 보면 본격적으로 사업 확장이 필요한 시점에 이르게 된다. 이 단계까지 이르렀다면 그동안 성실히 노력하며 나름대로 경영을 잘해왔다고 평가할 수 있다. 창업 후 여러 가지 우여곡절을 겪었겠지만 실전 노하우도 많이 쌓았을 것이다.

회사가 성장하면 그 규모에 맞게 자금 계획, 아이템 확대, 법인사업자 전환, 인력 보강 등 사업 확장 계획을 고려해야 한다. 경영 방침이나 사업 철학 등 사업가로서의 마음가짐도 되새겨볼 필요가 있다. 사업 확장 단계에서 필요한 사항과 유념해야 할 부분에 대해 살펴보자.

법인사업자 전환

사업 초기부터 법인사업자로 시작하는 경우도 있지만 대체로 초기에는 간이과세자나 개인사업자로 시작하다가 매출 규모가 일정 수준에 이르면 법인사업자로 전환한다. 예전에는 상법상 법인 납입자본금이 5천만 원 이상이어야 했지만 현재는 제한이 없고 100만 원으로도 법인 설립이 가능하다. 또한 법인 설립 관련 비용도 줄어들었고 절차도 많이 간소화되었다. 사업 관련 여러 가지 지원도 법인 중심으로 운용되어 가고 있다.

법인사업자의 특징과 장점은 아래와 같다.

1. 소득세율과 법인세율의 차이에 의한 절세 효과

개인사업자는 최대 38퍼센트까지 소득세를 부과받지만 법인은 최대 25퍼센트만 소득세를 부담하면 된다.

2. 대외 신용도 우월

외부 입찰, 사업 제휴 등 영업 측면에서 한층 신뢰감을 줄 수 있다. 또한 우월한 공신력을 바탕으로 자금 조달 측면에서도 유리하다.

3. 기업의 영속성과 발전성

대표의 일신상 이유가 기업에 큰 영향을 주지 않으며, 소유와 경영의 분리에 따라 전문경영인 영입이 가능하다.

4. 주주의 유한책임

기업주는 출자한 자본의 한도 내에서만 책임을 진다.

그 밖에 직원 채용 시에도 유리한 점이 있으며, 홈쇼핑 진행에 필요한 기업 평가를 받을 때도 법인사업자가 상대적으로 높은 신뢰감을 줄 수 있다.

개인사업자에서 법인으로 전환하는 방법은 여러 가지가 있다. 기존 사업의 영속성을 생각한다면 사업포괄양수도 계약 방식을 고려해보는 것이 좋다.

사업포괄양수도는 기존 사업에 관한 일체의 권리, 의무를 인수하는 사업자에게 승계하는 방식이다. 종합몰을 비롯한 여러 쇼핑몰 및 거래처 등에 포괄양수도 계약서를 제출하면 신규 계약을 다시 해야 하는 번거로움을 피할 수 있다.

개인사업자와 법인사업자 모두 장단점이 있으므로 현재의 사업 상황과 향후 계획 등을 꼼꼼히 체크한 다음 신중하게 결정할 필요가 있다. 기존에 거래하는 세무사가 있다면 자문을 듣고 판단하는 것이 좋다.

아이템 확장

사업이 성장 단계에 있다면 아이템 확장을 검토해봐야 한다.

현재 취급하고 있는 상품이 시장에서 좋은 반응을 얻고 있더라도 모든 상품은 라이프사이클이 있게 마련이므로 항상 후속 상품을 생각해야 한다. 또한 아이템을 늘려나가는 것 못지않게 취급 상품의 브랜드 강화에도 지속적인 관심을 가져야 한다.

브랜드는 곧 신뢰이기 때문에 장기적인 관점에서 볼 필요가 있다. 보다 강화된 아이템을 무기로 그동안 쌓아온 노하우와 영업활동에서 확보한 네트워크를 최대한 활용해 한 단계 도약하는 기회로 삼아야 할 것이다.

아이템 확장을 위한 몇 가지 방법을 살펴보자.

1. 동종 아이템 확장

기존 상품의 기능이나 디자인을 개선하여 아이템을 늘려나가는 방식이다. 아이템 증가에 따른 추가 비용이 상대적으로 크지 않으며 사업 리스크도 최소화할 수 있어 가장 우선적으로 고려해볼 만하다.

2. 유사 아이템 또는 보완제

기존 상품과 유사하거나 보완 역할을 하는 아이템을 추가하는 방식이다. 가죽 지갑을 취급해왔다면 머니클립이나 명함지갑 등을 생각해볼 수 있고, 요즘 지갑 대용으로 쓰이는 휴대폰 케이스도 검토해볼 수 있다. 보완 역할을 하는 상품의 예로 커피 판매자가 크림, 설탕, 머그컵 등을 함께 취급하는 경우를 들 수 있다.

3. 신규 아이템 확장

기존 사업 아이템과는 전혀 다른 성격의 상품으로 확장하는 방법이다. 제조사는 상대적으로 결정하기 힘들겠지만 판매자라면 얼마든지 검토해볼 수 있다. 다만 새롭게 취급하려는 상품의 타깃 고객이나 가격, 품질 등에서 경쟁력이 있는지 철저한 시장조사를 통해 결정해야 한다.

도약의 첫걸음 앞에서

그동안 창업에 성공하거나 실패한 사례를 많이 보아왔다. 그중 성공이라는 계단의 한 단계까지는 잘 올라섰지만, 그 이후에 도약하지 못하고 제자리에 멈추거나 오히려 퇴보하는 경우도 있었다. 다음은 상반된 두 가지 유형에 대한 예시인데 사업 확장 단계에서 유념할 필요가 있다.

세상은 넓고 할 일은 많다

충분한 능력과 잠재력을 갖고 있는데도 사업 확장 단계에서 성취욕이나 도전 정신을 십분 발휘하지 못하고 현실에 안주하는 사람들이 있다. 이런 사람들을 보면 새로운 목표를 세우고 회사를 더 크게 성장시키겠다는 포부를 가져보면 좋을 텐데 하는 생각이 든다. 성장을 포기한 회사는 이미 죽어가고 있는 것이기 때문이다.

'세상은 넓고 할 일은 많다.' 모 기업가가 한 말이다. 기왕에 시작한 사업인데 자신의 역량을 한껏 발휘해봐야 하지 않겠는가.

초심자의 행운을 조심하라

'초심자의 행운(beginner's luck)'으로 반짝 성공했지만 곧 자만에 빠지는 경우가 있다. 파울로 코엘료의 《연금술사》에는 "무언가를 찾아나서는 도전은 언제나 '초심자의 행운'으로 시작되고, 반드시 '가혹한 시험'으로 끝을 맺는 것이네"라는 내용이 나온다.

한 아이템으로 대박을 치고 나면 앞으로도 계속 잘될 것이라는 안이한 생각을 하는 사업가들을 많이 보았다. 첫 성공에 도취되어 준비 없이 무모하게 사업을 확장한다면 곧 내리막길로 접어들 수 있으니 이를 경계해야 한다.

자신이 갖고 있는 잠재력을 주머니에 보관만 해서도 안 될 것이고, 작은 성공에 자만해서도 안 될 것이다. 사업 확장 단계에서는 먼저 그동안 걸어온 발자취를 돌아보며 복기를 해보는 것이 좋다. 창업을 한 이래 어떤 이유로 고비가 있었고 어떻게 극복했는지 검토해보는 것이 중요하다. 그리고 현재의 회사 상황을 냉정하게 평가하고 향후의 목표를 단기, 중기, 장기로 나눠 전략을 수립해야 한다.

작은 사업이라도 기업가 정신을 가져야 한다

사업 확장 단계에서 검토해야 할 것들이 많이 있지만 무엇보다 중요한 것이 기업가 정신이다. 이 시점에서 기업가 정신(entrepreneurship)을 확립하거나 또는 재정립하는 계기가 되어야 한다. 기업가 정신은 경제학자 요제프 슘페터가 강조한 것으로 기업가는 미래의 불확실성 가운데에서 통찰력을 갖고 변화를 주도해나가야 한다는 것이다. 그는 이 과정에서 이윤 추구 외에 사회적 책임을 강조했다.

기업가 정신은 시대에 따라 다양하게 해석되는데 너무 거창하게 생각할 필요는 없다. 먼저 회사의 사업 철학과 목표를 세우고 구성원과 비전을 공유하는 것에서 시작된다.

유통 관련 사업이라면 남들과 다른 새로운 상품 개발 그리고 적극적인 시장 개척이 가장 중요할 것이다. 이러한 목표를 달성하기 위한 새로운 조직 문화도 고려해야 하는데, 회사의 구성원들 모두가 함께 변화를 만들어나가겠다는 공감대를 형성해야 한다. 또한 협력사와의 신뢰 관계를 중요하게 여기며 항상 상생할 수 있는 방법을 모색해나가야 한다.

"퇴직금 2억 원으로 중고도서 판매 사업을 해보고 싶습니다."

아이템 선정, 어떻게 할까?

포털사이트 DAUM에서 근무할 때의 일이다. 중견 기업에서 명예퇴직을 하고 전 재산이나 마찬가지인 퇴직금 2억 원으로 중고도서 판매 사업을 해보고 싶다는 한 50대 남자와 미팅을 한 적이 있다. 그는 직접 중고도서를 매입해 창고에 보관하고 책의 겉표지를 일일이 스캔하여 도서의 상태를 고객이 볼 수 있도록 상품 상세 페이지를 만들어 올릴 계획을 세워두었다. 그런데 그는 서점과 관련된 경험이 없었다.

그가 매입하겠다는 중고서점은 도서의 양이 너무 많았다. 한권 한권을 모두 스캔해서 상품 등록을 하고, 팔리는 족족 해당 상품을 내려야 하는 일은 여간 손이 많이 가는 게 아니었다. 이 많은 일을 하려면 기본적으로 직원이 여러 명 필요했다. 그런데 중고도서의 평균 객단가는 1만 원이 안 되었다. 이렇게 적은 단가로 벌어들이는 매출 이익이 얼마나 되겠는가. 더구나 당시는 도서정가제 시행 전이라 신간도 할인을 꽤 많이 하던 때였다. 계산을 해보니 그러한 방식으로는 작은 서점은 팔면 팔수록 손해를 볼 수밖에 없는 구조였다.

사업 자체는 업계 최초로 시도해볼 만한 모델이었지만 서비스의 영속성이 떨어질 것 같았다. 그리고 무엇보다도 경험이 없는 것이 문제였다. 평생 일해서 모은 퇴직금을 투자하기에는 무모한 도전이었다.

결국 온라인 사업에 대한 이해를 위해 좀더 공부하는 시간을 가질 것과 중고도서 사업을 꼭 하겠다면 그에 필요한 준비를 하라고 조언했다. 나중에 한 대형서점이 중고서점 사업을 시작해 성공했다. 이 서점은 자본과 경험, 인적자원을 가지고 있었기에 가능했다.

돈을 벌 수 있는 사업이라도 전혀 경험이 없는 분야라면 점원으로라도 경험을 쌓고 시작해야 성공 가능성을 1퍼센트라도 높일 수 있다.

2장 >>

온라인 쇼핑 비즈니스,
성공 기회는
남아있다

1인 중심 쇼핑족이 늘었다

> 통계청에 따르면 2016년 1인 가구 비율은 전체 가구 중 27.9퍼센트를 차지했다. 1995년 12.7퍼센트에 비해 2배 이상 늘어난 수치이다. 이러한 현상은 과거 가족 중심의 쇼핑을 1인 중심의 쇼핑으로 바꾸었다.

앞서 말했듯이 온라인 쇼핑몰 사업은 성공하기가 쉽지 않은 분야이다. 그런데도 온라인 쇼핑몰에 도전해볼 만한 이유는 아이템만 좋다면 다른 사업보다 적은 창업 비용으로 성공할 가능성이 크기 때문이다.

우리나라의 경우 오래전부터 저출산 및 고령화 현상이 나타나 지속적으로 심화되고 있다. 이러한 인구구조의 변화는 소비 행태에 큰 변화를 가져오고 있다.

‘1코노미’ 증가

최근 온라인 쇼핑에서 ‘1코노미’란 키워드가 등장했다. ‘1인 가구+이코노미(economy)’의 합성어로 최근 급격히 증가하고 있는 1인 가구의 수요에 따른 경제 논리라고 생각하면 된다. 이에 따라 온라인 쇼핑에서 ‘1인 가구 음식’, ‘1인 가구 용품’ 등의 검색이 상당히 늘었다.

1코노미의 증가는 다양한 상품군에 영향을 끼치고 있는데 그 중 가장 큰 영향을 받는 카테고리는 단연 식품류이다. 한국농수산식품유통공사에 따르면 간편식 시장 규모는 2017년 약 2조 3천억 원으로 5년 전보다 3배 이상 커졌다고 한다.

유통업계는 간편식 시장을 선점하기 위해 치열한 경쟁을 펼치고 있다. 최근에는 간편식이 건강에 좋지 않다는 인식을 불식하기 위해 혼합곡물류 등 웰빙 식단을 속속 선보이고 있다. 건강을 고려하여 만들어진 식품류는 상대적으로 높은 가격에 출시되는데도 판매 성장세가 가파르게 오르고 있다.

1인 식단은 1인 가구 증가의 영향이 크기도 하지만 남에게 간섭받기 싫어하는 젊은 층의 성향에 기인한 것이기도 하다. 인기리에 방영된 「혼술남녀」라는 드라마의 주인공은 고깃집에서 주위를 의식하지 않고 혼자 삼겹살을 구워 먹거나 혼자 술을 마시는 등 일명 ‘혼밥’, ‘혼술’을 즐긴다. 일본 드라마 「고독한 미식가」에도 혼자 맛집을 찾아다니는 직장인이 나온다. 이런 모습은 비단 드라마 속 이야기만이 아니다. 현실에서도 혼자 밥 먹는 모습이 더 이상 어색하지 않다.

혼자만의 시간을 즐기는 1인 가구의 쇼핑 트렌드는 온·오프라인 쇼핑에도 영향을 끼쳤다. 대표적인 것이 '극소포장'이라는 개념이다.

파리바게뜨는 기획 상품으로 '혼디족(혼자 디저트 먹는 사람)'을 위한 미니 사이즈 케이크를 선보였다. 혼자서도 원형 케이크를 먹는 기분을 느낄 수 있도록 조각 케이크가 아닌 원형 케이크를 축소하여 미니 사이즈로 출시한 것이다.

한 유명 백화점은 1인 가구를 위한 '한 끼 밥상' 코너를 운영하기 시작했다. 일반 상품보다 중량을 대폭 줄여 채소 100그램, 돼지고기 100그램, 과일 1개, 생선 1토막 등의 단위로 판매한다. 1인 가구 쇼핑몰에서는 소포장된 쌀과 곡류부터 소량 포장된 김치까지 판매하고 있다. 이처럼 '1코노미'족을 겨냥한 시장은 불황에도 꾸준히 증가 추세이다.

'작은 사치'를 추구하는 사람들

'점심은 라면을 먹더라도 후식은 유명 카페에서 커피를 마신다.'

나를 위한 '작은 사치'를 누리고 만족감을 느끼는 소비 계층이 늘어나고 있다. 이들은 평소 큰 관심이 없는 상품에 대해서는 가성비를 따지면서도 '이것 하나만은 내가 정말 원하는 것을 갖고 싶다'는 생각으로 개성 있는 고가의 상품을 구매한다.

이러한 트렌드는 소형 가전 분야에서 두드러지는데, 100만 원이 넘는 프리미엄급 스피커, 청소기, 헤어 기기 등이 판매되는 것이다. 이런 현상은 무절제하게 계획 없이 구매하는 과소비와는 다른 개념이다. 금전적으로 제한된 여건에서 자기 삶의 만족도를 최대화하려는 라이프스타일이 반영된 것이라고 할 수 있다. 젊었을 때 아껴서 노후에 편안한 삶을 살겠다는 이전 세대와는 달리 현재의 삶에 충실하겠다는 가치관이 담겨 있는 것이다.

젊은 층을 중심으로 월급을 차곡차곡 모아 해외여행을 떠나는 것이 붐이다. 현재는 자금 사정이 충분하지 않지만 열심히 일한 만큼 열심히 즐기기 위해 과감히 지출하는 직장인들이 늘어나고 있다.

안마의자를 제조, 판매하는 모 회사의 대표에 따르면 최근 들어 20~30대 구매자의 비중이 높아지고 있다고 한다. 예전 같으면 부모님 선물로 구매하는 경우가 대부분이었지만 요즘엔 본인이 사용하기 위해 안마의자를 놓는 1인 가구가 많은 것이다.

고가의 캠핑 용품이나 레저 용품 구매가 크게 늘어나고 있는 것도 이러한 현상과 같은 맥락이다. 최근 40~50대 중년층 중 자신의 취미 생활을 위해 과감히 투자하는 사람들이 늘고 있다.

나를 위한 작은 사치를 누리려는 움직임은 1~2년의 유행이 아니라 하나의 트렌드로 자리 잡았다. '그릇 쇼핑몰에서 나만의 작은 사치 부리기', '내 피부를 위한 작은 사치', '엄마를 위한 작은 사치 액세서리' 등과 같은 콘셉트에 맞는 쇼핑몰들이 점차 늘어나는 이유이다.

'돈 있는' 실버 세대, 소비의 중심으로 떠오르다

전 세계적으로 인구구조가 빠르게 변화하고 있다. 특히 저출산, 고령화 현상이 심화되고 있는데, 우리나라는 세계에서 가장 두드러진 수치를 보이고 있다. 고령화는 평균수명은 연장되는 반면 출산율은 줄어드는 현상이 복합되어 나타난다. 고령층이 계속 늘어남으로 인해 소비 패턴에도 큰 변화가 따르고 있다.

시장에서는 실버 세대의 니즈를 파악하여 고령 친화적인 상품의 비중을 더욱 늘려나가고 있다. 건강, 의료용품의 증가 외에도 노령층이 편리하게 사용할 수 있도록 심플한 기능과 디자인의 가전제품이 출시되기도 한다.

또한 과거의 노령층과는 달리 더욱 적극적으로 사회활동을 추구하는 경향이 있는데, 이는 패션 상품의 디자인에도 영향을 끼치고 있다. 노령층을 위한 안티에이징 상품이나 이미용품의 판매

65세 이상 노인 비율 추이 및 전망

(단위: %, 총인구 대비)

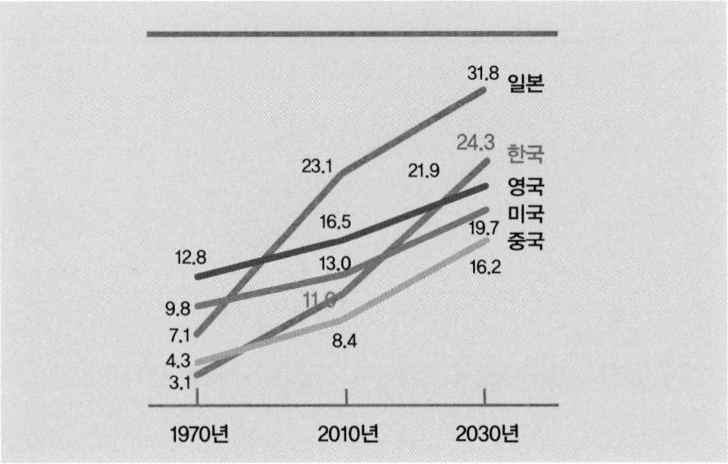

출처: OECD

증가 추세도 이러한 소비 패턴의 변화에 따른 단면이라고 할 수 있다.

경제적인 여유를 가지고 있는 실버 세대들이 과거에는 자식이나 손자를 위해 돈을 썼다면 요즘은 자신을 위해 투자하고 있다. 이들이 소비의 중심으로 점차 부각되고 있는 것이다.

온·오프라인 모두 활용하는 소비자들

요즘 사람들은 상품을 구매할 때 TV, 오프라인 매장, 인터넷,

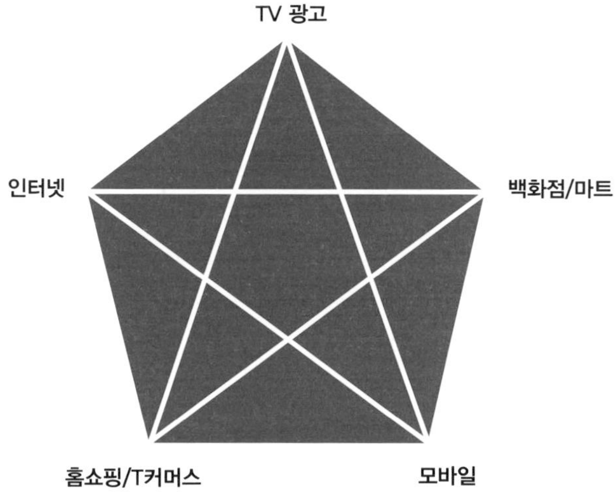

모바일 등 다양한 쇼핑 채널을 유기적으로 활용하는 추세를 보이고 있다.

과거에는 TV 광고에서 관심 상품을 보고 오프라인 매장을 방문하거나 온라인 검색을 통해 구매했지만 최근에는 다양한 쇼핑 채널을 두루 활용하고 있다.

이처럼 소비자의 구매 방식이 점차 온·오프라인을 뛰어넘는 옴니채널(Omni-Channel)화되고 있는데, 이런 구매 방식의 변화가 쇼핑몰에도 큰 영향을 미치고 있다.

물건은 매장에서 보고 구매는 온라인으로

오프라인 매장에서 상품을 보고 난 후에 온라인에서 해당 상품을 구매하는 것을 쇼루밍(showrooming)이라고 한다. TV에서 관심 상품을 보고 백화점이나 마트 같은 오프라인 매장을 방문해서 해당 상품을 충분히 확인한 다음 구매는 온라인 쇼핑몰에서 하는 것이다. 단어 그대로 오프라인 매장이 쇼룸(show room) 역할을 한다. 특히 온라인 쇼핑몰의 가격 경쟁력이 좋기 때문에 이러한 현상은 점차 늘어나고 있다.

심지어 오프라인 매장에서 직원에게 상품 안내를 받은 다음 현장에서 스마트폰으로 구매하기도 하는데 이를 '모루밍(morooming)'이라고 한다. 스마트폰을 통한 모바일 결제가 간편해지면서 모루밍이 더욱 활성화되고 있다.

오프라인으로 보고 온라인으로 구매하는 사람들

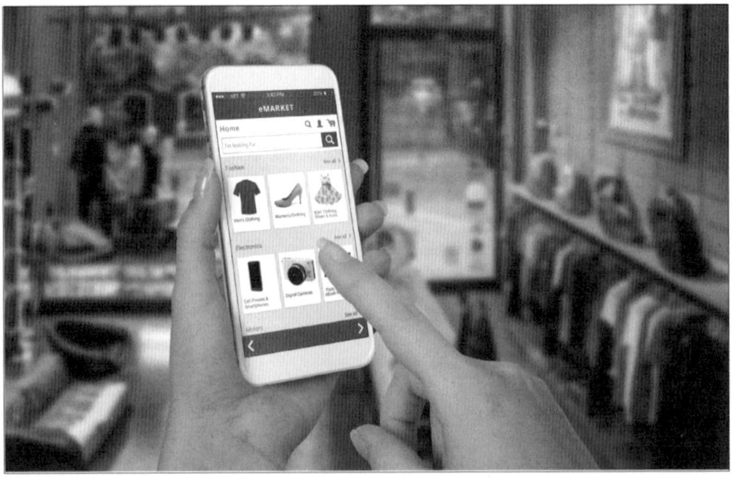

온라인에서 '찜'하고 매장에서 확인 후 구매

온라인에서 관심 상품을 정하고 오프라인 매장에 방문해서 직접 만져보고 체험해본 다음 최종 구매를 하는 소비자들도 늘어나고 있다.

예를 들어 온라인 쇼핑몰에서 관심 있는 2~3개의 안마의자의 후기를 살펴본 후, 이 상품들이 전시되어 있는 백화점을 방문해서 실제로 체험을 해본 다음 자신에게 가장 잘 맞는 상품을 구매하는 것이다.

오프라인 매장의 가격 경쟁력이 좋은 이유도 있겠지만, 상품 구매를 결정할 때 가격 외에 서비스 만족도 등이 중요한 요소라는 의미다.

오프라인 매장을 통한 구매는 배송비가 따로 들지 않고, 별도의 배송 기간이 필요하지 않다는 장점이 있다. 이런 구매 방식을 역쇼루밍(reverse showrooming) 또는 웹루밍이라고 한다.

소비자가 온라인 쇼핑몰에서 상품을 구매한 후 오프라인 매장에서 관련 서비스를 제공하는 곳도 있다. 이는 고객 편의를 제공하는 측면도 있지만 매장 방문을 통해 다른 상품도 추가로 구매하도록 하는 유인 마케팅의 일환이기도 하다.

현대는 개성을 중시하는 라이프스타일이 다양한 방식으로 나타나고 있다. 개인 중심으로 소비하는 새로운 쇼핑 트렌드가 형성되고 있고, 소비자들이 온라인과 오프라인을 넘나들며 쇼핑을 한다. 과거처럼 온라인 쇼핑몰을 완벽하게 구축하지 않아도 된다. 고객 접근성이 뛰어난 모바일 서비스를 잘 갖추고, 소비자가 제품에 대해 관심을 갖고 구매를 하는 일련의 과정이 자연스럽고 매끄럽게 진행되도록 하면 성공 가능성이 높다.

빅데이터 시대, 새로운 쇼핑 시장을 선점하자

혼자 사는 김정현 씨는 퇴근하고 잠자리에 들기 전 생필품을 주문하기 위해 즐겨 찾는 온라인 쇼핑몰에 들어갔다. 검색한 제품을 구매하는데 옆쪽에 마침 찾고 있던 3단 서랍장이 추천 상품으로 표시되어 있다. 가상현실(VR) 모드를 클릭한 후 스마트폰으로 원하는 위치에 3단 서랍장을 배치해본다. 딱 맞다. 그런데 지방은 추가로 배송 비용이 드는지 궁금했다. 늦은 시간이지만 걱정 없이 챗봇에 물으니 바로 답이 온다. 구매를 했으니 며칠 후 도착할 것이다.

'VR 쇼핑몰', 'AI가 추천해주는 ○○○님을 위한 상품'.

온라인 쇼핑은 상품과 서비스의 거래가 이루어지는 곳으로 실생활과 밀접하면서도 빅데이터, 인공지능, VR(가상현실)·AR(증강현실), IoT(사물인터넷) 등 신기술이 종합적으로 접목될 수 있는 4차 산업혁명에서 가장 주목할 만한 분야이다.

현재 국내외 온라인 쇼핑몰 회사들은 혁신적인 기술을 도입하여 차별화된 서비스를 제공하고자 물밑에서 많은 준비를 하고 있다. 빅데이터를 통해 나에게 맞는 상품이 큐레이션(추천)되고 VR·AR을 통해 상품을 실제로 눈앞에서 보듯 체험할 수 있다. 상품에 대해 궁금한 사항은 인공지능에게 물어보고, 생체인증(홍채, 지문, 정맥 등)이나 가상화폐로 결제한다. 이렇게 주문한 상품은 즉각적으로 물류센터에서 로봇이 포장을 하고 드론 택배로 배송된다.

이는 공상과학 소설의 이야기가 아니다. 지금 국내외에서 초기 단계의 서비스가 제공되고 있으며, 상상 이상의 세계가 곧 눈앞에 펼쳐질 것이다.

미래에는 혁신적인 기술들이 쇼핑에 어떻게 적용되어 진화해 나갈지 알아보고, 온라인 쇼핑 사업자는 무엇을 대비해야 할지 생각해보자.

가상현실(VR)·증강현실(AR)로 쇼핑하는 시대

한때 열풍이 불었던 '포켓몬고' 게임이 대표적인 AR 기반의 서비스이다. VR(Virtual Reality)은 가상현실, 즉 가상의 공간을 통해 체험하는 것을 말한다. 3D 체험관이나 VR존에서 VR헤드셋을 쓰고 가상체험을 해보았다면 쉽게 이해할 수 있을 것이다. AR(Augmented Reality)은 증강현실이라고 하는데 가상공간인 VR과 달리 현실의 실물에 3차원의 가상 이미지를 겹쳐서 영상으로 보여주는 기술이다.

이베이는 2016년 5월 호주의 대형 백화점 마이어(Myer)와의 제휴를 통해 1만 2,500여 개의 상품을 VR 기기를 통해 보면서 구매할 수 있는 서비스를 오픈했다. 알리바바도 VR 상품 구매 서비스인 'BUY+'를 발표하며 본격적인 VR 쇼핑 구축에 나섰다. 국내에서도 2017년 코리아세일 페스타를 통해 VR 쇼핑몰을 선보였으며 몇몇 대형 쇼핑몰이 시범 단계로 서비스를 준비 중이다.

2017년 9월 이케아코리아는 가상의 공간에 가구를 배치할 수 있는 증강현실(AR) 앱 '이케아플레이스(IKEA Place)'를 출시한다고 밝혔다. 스마트폰을 통한 AR 서비스를 이용해서 자신의 집 안에 가상의 가구를 취향에 맞게 여러 방식으로 배치해볼 수 있는 것

이케아플레이스

출처: 이케아 홈페이지

이다. 가구를 배치한 모습은 이미지로 저장해서 가족과 친구에게 전달하여 함께 상의해가며 구매를 결정할 수도 있다.

AR 기술은 가상체험을 통한 구매 방식에 효과적인 의류나 신발 이외에도 실내 인테리어 등 다양한 상품군으로 빠르게 확산될 것이다. 이케아의 사례에서 볼 수 있듯이 가상체험을 통한 쇼핑이 우리의 라이프스타일 속으로 점점 들어오고 있다. VR·AR 기술은 앞으로 더욱 정교해져 상품 체험 외에 고객과의 소통 방식에도 큰 역할을 할 것이며, 향후 PC나 스마트폰과는 차별화된 플랫폼으로 성장할 것이다.

빅데이터·큐레이션이 소비자의 취향대로 골라주다

미국의 한 가정에 고3 여학생 앞으로 출산용품 카탈로그가 배달되었다. 딸아이의 아버지는 카탈로그 발행 회사에 어떻게 이런 카탈로그를 보낼 수 있냐고 노발대발했다. 하지만 실제로 딸아이는 임신 중이었고, 그녀의 아버지는 이후 그 회사에 사과를 했다. 아마도 딸아이는 스마트폰이나 PC에서 관련 자료를 보거나 검색했을 것이다.

이처럼 빅데이터는 고객의 취향을 분석해서 더 나은 상품을 추천하는 방식을 통해 온라인 상거래에서 더욱 진가를 발휘할 것이다.

국내 대부분의 온라인 쇼핑몰은 '추천 상품' 서비스를 제공하고 있다. 현재는 로그인을 하면 볼 수 있는 추천 상품이 MD가 임의로 선별했거나 과거에 개인이 구매했던 것과 연관된 상품을 보여주는 정도이다. 하지만 앞으로는 구매 내역 이외에 고객의 행동 패턴을 다양한 방식의 알고리즘으로 분석하고, 그 데이터를 통해 고객의 숨은 니즈까지 파악해서 상품을 추천해주는 서비스로 점차 진화할 것이다. 또한 고객에게 전달하는 이메일이나 SNS 문자 등도 스팸이 아닌 가치 있는 정보가 될 수 있도록 빅데이터를 활용한 큐레이션 서비스가 더욱 정교해질 것이다. 이미 대기업을 중심으로 이런 서비스가 제공되고 있다.

KT는 2016년 3월 빅데이터를 활용해 상품 추천 서비스를 제공하는 쇼핑과 닥터의 합성어인 '쇼닥'을 오픈했다. KT에서 발표한 자료에 따르면 출시 1년 만에 누적 다운로드 285만 건, 거래 건수는 33만 건을 기록하는 등 빠른 성장세를 보이고 있다. 특히 기존 쇼핑몰의 재방문율이 15~20퍼센트 수준에 그치는 데 반해, '쇼닥'의 재방문율은 무려 30퍼센트를 넘는 등 적극적인 이용 추세를 보이고 있다고 한다.

또 신한카드는 2014년 5월 빅데이터를 통해 고객의 소비 패턴에 최적화된 서비스를 제공하는 '코드나인'을 오픈했다. 코드나인을 통해 발급된 카드는 18종인데 2년 만에 500만 개가 발급될 정도로 큰 인기를 끌었다. 이동통신 업계와 더불어 고객 유치에 엄청난 마케팅 비용을 쏟고 있는 카드업계에서는 큰 성과로 평가되고 있다. 신한카드의 2천만 명이 넘는 고객과 그들이 방문한 수백만 개의 가맹점 그리고 수억 건의 거래 내역은 말 그대로 빅데이터인데, 이를 발 빠르게 활용한 결과 이러한 성과를 얻을 수 있었다고 입을 모은다.

빈센트 그린빌의 저서《빅데이터 통계의 포괄적 이해(A comprehensive List of Big Data Statistics, Vincent Granville, 21, October 2014)》에 의하면 기업의 종류와 관계없이 모든 기업이 보유하고 있는 데이터의 규모는 14.4개월마다 2배로 증가한다고 한다. 개인이나 기업 모두 가장 정제된 정보를 바탕으로 빠르고 정확한 의사 결정이 필요한 시대이다.

3D프린터로 제품을 만들다

4차 산업혁명은 온라인 상거래에 큰 영향을 미칠 텐데, 주로 고객 서비스나 결제, 물류 등에서 놀라운 혁신이 일어날 것으로 예상된다. 하지만 상품에도 혁신적인 변화가 예상되는데 그중 3D프린터가 주목받고 있다.

3D프린팅은 쉽게 말하면 원료를 겹겹이 쌓아 유형의 물건을

만드는 기술이다. 플라스틱, 철 및 비철금속, 세라믹 등 다양한 소재가 원료로 사용되고 있다.

3D프린팅이 일반화되면 어떤 변화가 일어날까?

첫째, 대량생산 방식이 아닌 소량 맞춤 생산이 더욱 활발해질 것이다. 심지어 세상에서 단 하나뿐인 상품을 만들 수 있다.

둘째, 한 상품을 만드는 데 여러 공장들이 각각의 생산 공정에 참여했던 것과 달리 하나의 3D프린터를 통해 이 모든 공정이 한 곳에서 일사천리로 이루어질 수 있다.

셋째, 소비자는 도면만 있다면 3D프린터를 통해 집에서도 원하는 상품을 직접 만들 수 있다. 이런 소비자의 니즈를 충족하기 위해 다양한 상품을 제조할 수 있는 도면 디자인 사업과 원료 공급 사업이 새롭게 등장할 것으로 예상된다.

넷째, 한 공장이나 가정에서 일괄적인 제조 공정이 이루어지므로 수송과 배송 수요가 줄어들 것이다.

다섯째, 기존 대량생산 공장이 3D프린터를 이용할 경우 금형 개발이 쉬워져 신상품을 보다 저렴하고 빠르게 개발할 수 있다.

여섯째, 인공 장기 및 항공우주 분야에서 큰 수요가 있을 것으로 예상된다.

이처럼 3D프린팅 제조 방식은 전통적 제조 방식을 근본적으로 바꾸어놓을 것으로 기대되고 있다.

지금까지는 고객이 원하는 상품을 골라 온라인으로 주문하고

3D프린터로 제작한 자동차

출처: 폴리메이커 유튜브

해당 상품을 1~2일 후에 택배로 받거나 또는 매장에 가서 물건을 구입하는 것이 일반적인 쇼핑 패턴이었다. 그러나 이제는 3D프린터와 원료, 도면만 있으면 원하는 상품을 직접 간편하게 만들 수 있다.

직접 만드는 과정이 번거롭다면 본인이 원하는 상품을 전문 3D프린팅 회사에 의뢰할 수도 있다. 이렇게 생산자는 자신이 개발한 상품의 도면만을 팔고 고객은 그 도면을 바탕으로 직접 원하는 상품을 만든다면 기존 유통업은 새로운 패러다임에 직면하게 될 것이다.

또한 기존에는 개인의 창의적인 아이디어가 비싼 금형 비용과 기존의 대량생산 시스템으로 인해 제조 단계에 이르지 못하고 사장되는 경우가 많았다. 하지만 3D프린터를 통해 다품종 소량생산이 가능해지면 혁신적인 상품들이 더욱 많이 출시될 것이다.

인공지능·챗봇이 소비자에게 서비스를 제공하다

엘롯데의 쇼핑봇 로사(LOSA)는 문자, 음성 및 이미지 인식 기능까지 갖추어 고객과 문자 및 음성 대화가 가능하며 빅데이터를 기반으로 상품 추천도 할 수 있다. 아직 베타 버전 단계이지만 인공지능을 기반으로 고객과의 상호작용에 주안점을 두고 개발되었다고 한다.

인공지능(AI)은 각 비즈니스 분야의 급격한 변화를 이끌고 있으며, 인공지능을 활용해 개발된 챗봇(chatbot)은 유용한 고객 서비스로 떠오르고 있다.

챗봇은 사람과 대화하는 인공지능형 로봇을 말한다. 과거에는 미리 정해진 답변을 입력해놓고 사용자가 관련된 단어로 질문하면 단순히 응답하는 방식에 머물렀으나 최근 들어 놀라울 정도로 발전되고 있다. 축적된 빅데이터를 바탕으로 딥러닝(deep learning) 기술이 발전했기 때문이다.

인공지능 기반의 챗봇은 제조, 의료, 금융 등 산업 전반에서 고객 서비스에 이용되고 있다. 특히 쇼핑 분야에서는 단순 안내에 그치지 않고 상품 추천 등 활용 범위를 넓혀가고 있다. 인터파크의 챗봇 서비스 '톡집사(talk+집사)'는 가격 비교 기능에 초점을 두고 있으며, 네이버도 스토어팜 내에 '톡톡'을 통해 문의가 들어오면 24시간 자동 응답을 해주는 쇼핑챗봇을 운영하고 있다.

온라인 쇼핑에서 챗봇 활용은 어떤 변화를 가져오고 있을까?

첫째, 24시간 상담이 가능하다. 온라인 쇼핑은 주로 오후 6시에 상담원의 안내 서비스를 종료하지만 챗봇을 통해 궁금한 사항을 언제든지 확인할 수 있다.

둘째, 빠른 응대가 가능하다. 상담원 개개인은 업무 지식과 노하우에 차이가 있지만 챗봇은 빅데이터를 분석해 즉각적으로 최적화된 응대가 가능하다.

셋째, 상담원 도우미 역할을 한다. 상담원은 고객의 질문에 대해 챗봇이 제시한 답변을 보면서 이를 활용하여 고객과 상담할 수 있다.

넷째, 담당자의 업무를 전환한다. 기존 상담원의 역할을 상당 부분 챗봇이 맡게 됨으로써 기존 담당자는 다른 업무로 전환할 수 있다. 기업은 인건비 등에서 비용 절감 효과를 거둘 수 있다. 또한 챗봇은 고객의 감정(기쁨, 분노, 슬픔, 흥분, 당황)을 읽고 그 분위기에 맞게 응대하면서도 감정노동자로서 겪는 어려움을 느끼지 않는다.

이처럼 온라인 유통업계에서는 챗봇을 통한 소비자 서비스 강화에 주안점을 두고 있다. 단순한 정보 검색과 상품 추천을 뛰어넘어 사람과의 교감까지 챗봇의 활용 영역이 확대될 것이다.

가격표기 오류를 조심하라

쇼핑몰 MD가 상품을 등록할 때 간혹 실수하는 일 중 하나가 가격을 잘못 입력하는 것이다. 대부분 곧바로 확인해서 바로잡거나 거래가 몇 건 발생한 뒤 사태를 파악하고 수정하기도 한다. 하지만 생각보다 일이 커지는 경우가 있다.

직장 생활을 할 때였다. 아침에 출근하니 직원들 몇몇이 모여 웅성웅성 얘기를 나누고 있었다. 알고 보니 유아용품 담당 MD가 전날 퇴근 전에 판매가 5만 원짜리 상품을 숫자 0을 하나 빼고 등록한 것이다. 밤새 주문량이 적지 않아 어떻게 처리해야 할지 고민 중이었다. 결국 윗선에 보고하고 CS팀을 통해 고객에게 연락하여 양해를 구하고 모두 취소하는 것으로 매듭을 지었다.

요즘도 업계에서 이런 일이 종종 발생할 것이다. 이슈가 될 만큼 사태가 큰 경우에는 가끔 기사화되기도 한다. 특히 요즘은 SNS의 발달로 인해 홍미를 끌 만큼 상품의 가격이 잘못 기재된 경우 관련 상품의 URL이 급속도로 퍼져 나가 주문 건수가 눈덩이처럼 불어나기도 한다.

상품 가격을 잘못 기재했는데 구매자가 상품 수령을 주장한다면 어떻게 해야 할까?

민법에 따르면 계약은 신의성실의 원칙에 따라 이행되어야 하나 당사자가 중요 부분에 착오가 있었다면 취소할 수 있다고 되어 있다. 또 전자상거래 등에서의 소비자 보호에 관한 법률에도 비슷하게 규정되어 있다. 실수한 측에서 취소할 수 있는 것이다.

국내 대부분의 대형 쇼핑몰의 경우 판매자가 이러한 실수를 하면 주문 취소가 가능하다. 그러나 약관에 따라 판매자에게 벌점 등 페널티를 부여하기도 한다. 때로는 배송 거부가 법적 책임은 없을지라도 도의적인 책임 차원에서 일부 쇼핑몰은 해당 고객에게 사과의 의미로 포인트 등 보상을 지급하는 경우도 있다.

일본에서 노트북 제조사가 홈페이지에 상품 가격을 잘못 기입한 사례가 있었다. 문제를 확인했을 때는 이미 수백 명이 주문을 한 뒤였다. 이 회사는 내부 논의 끝에 구매자 모두에게 상품을 배송했다. 기대하지 않았던 구매자들은 놀랄 수밖에 없었고, 이 일은 TV 뉴스에 토픽으로 방송되었다.

결국 그 제조사는 고객들에게 신뢰할 수 있는 기업이라는 강한 이미지를 심어주었고 덤으로 브랜드 홍보 효과를 누렸다. 상품 가격을 잘못 기재한 경우 당장의 손익을 따지기보다 고객 대응을 어떤 식으로 풀어갈지를 고민해야 할 것이다.

3장 »

온라인 쇼핑몰 처음 시작하기: 쇼핑몰별 특징 및 공략법

쇼핑몰 입문하기, 오픈마켓, 소셜커머스

☑ 오픈마켓, 소셜커머스 체크포인트

특징	Key point
• 입점하기 쉽고 편리하다.	• 상품 차별화, 가격 경쟁력 확보
• 판매자 간에 경쟁이 치열하다.	• 상위 노출을 위한 세부 광고 전략
• 수수료가 저렴하다.	• 차별화된 상세 페이지 기획력

온라인 쇼핑몰을 처음 시작하는 사람은 자신의 홈페이지에서 단독으로 팔지 않고 다양한 채널에 상품을 내놓고 싶어 한다. 예를 들어 11번가 같은 대형 쇼핑 사이트나 쿠팡에도 노출되어 팔리기를 바란다. 11번가 같은 곳을 오픈마켓이라고 하고, 쿠팡 등은 소셜커머스로 분류된다.

G마켓, 옥션 등 오픈마켓

오픈마켓은 통신판매 중개업자로 누구든지 판매자와 구매자가 되어 자유롭게 거래할 수 있는, 말 그대로 오픈(open)된 마켓의 형태이다.

국내 오픈마켓은 G마켓, 11번가, 옥션이 실질적으로 3강 구도를 형성하고 있다. 오픈마켓은 회원 규모나 매출액에서 여타의 쇼핑몰과 큰 격차를 벌이며 가장 큰 시장을 형성하고 있다.

옥션은 1998년 국내에서 가장 먼저 오픈마켓에 뛰어들었으며, 뒤이어 2000년 인터파크의 자회사 구스닥이 서비스를 오픈하고 G마켓으로 이름을 변경했다. 두 회사는 이후 이베이에 인수되어 가장 큰 오픈마켓 플랫폼으로 성장했다. 11번가는 2008년 뒤늦게 시작했지만 SK텔레콤의 탄탄한 통신 인프라와 집중적인 광고를 통해 빠르게 선두권으로 올라섰다.

옥션은 다른 쇼핑몰 대비 상대적으로 남성 비율이 높은 편이며 서비스 초기부터 가전, 컴퓨터 분야에서 강점을 보였다. 이에 반해 G마켓은 여성 고객 비중이 상대적으로 높은 편으로 패션이나 잡화 부분에서 강점을 이어오고 있다. 11번가는 젊은 소비자층이 두텁고 PC에서 모바일로 빠른 전환을 시도한 특징이 있다. 3사 쇼핑몰은 해마다 매출 규모나 방문객 수에서 순위가 엎치락뒤치락할 정도로 비슷한 규모이다.

오픈마켓은 입점이 자유로우며 편리한 상품 등록 시스템, 저렴한 수수료 등의 특징으로 인해 온라인 쇼핑 사업을 처음 시작하는 판매자들이 가장 쉽게 접근할 수 있는 쇼핑몰의 형태이다.

하지만 판매자들 간의 경쟁이 치열하기 때문에 누구나 취급할 수 있는 상품으로는 경쟁력을 확보하기가 어렵다. 무리하게 가격 경쟁에 뛰어들거나 상품 노출 빈도를 늘리고자 광고비를 과도하게 지출한다면 앞으로 남고 뒤로 밑지는 경우가 발생할 수 있다.

오픈마켓은 국내 최대 회원을 확보하고 있기 때문에 제조, 직수입, 대량 매입 방식 등을 통해 남들과 차별화를 꾀한다면 큰 사업 기회가 될 수 있다. 아직 시작 단계의 판매자라면 오픈마켓을 통해 상품 등록, 판매 절차, 광고 입찰, 배송, 고객 응대 등 전반적인 온라인 쇼핑 시스템을 접해보면서 경험을 쌓는 것이 좋다.

TIP 오픈마켓에서 온라인 쇼핑몰 운영하기 Q&A

Q 사업자 등록 없이도 판매가 가능한가요?

A. 오픈마켓 외 별도 사업장이 없거나 1과세기간(반년 동안) 판매 횟수가 10회 미만 또는 공급대가(VAT 포함)가 600만 원 미만인

경우면 가능합니다. 하지만 사업을 결심했다면 사업자 등록을 하고 진행하는 것이 좋습니다.

Q. 광고비를 써야만 상품 노출이 가능한가요?

A. 기본적으로 상품 등록은 무료이지만 광고비를 써야 그나마 상위 노출이 가능합니다. 하지만 오픈마켓을 통해 사업을 하시는 분들이 가장 많이 오해하고 있는 부분인데, 꼭 광고비를 써야만 상위 노출이 되는 것은 아닙니다.

오픈마켓마다 카테고리별 담당 MD가 있고 이들이 운영하는 별도의 기획전(11번가 쇼킹딜, 옥션 올킬, G마켓 G9 등)이 다양하게 있습니다. 이런 기획전에 적극적으로 참여하다 보면 의외로 좋은 반응을 얻을 수 있습니다. 또한 MD가 판단하기에 상품성을 충분히 갖추어 상당한 매출이 예상되는 상품이라면 선별을 통해 오픈마켓 메인이나 카테고리 메인 등에 무료로 상품 광고를 하기도 합니다. 오픈마켓은 판매자뿐 아니라 등록 상품이 워낙 많아서 경쟁이 치열하므로 확실히 어필할 만한 상품이라면 제안해보시길 바랍니다.

다음 샌들 상품의 경우 저희 회사에서 11번가에 제안하여 쇼핑몰 메인 화면에 광고비 없이 노출되었습니다. 메인 화면에 광고하려면 상당한 금액이 소요될 수 있지만 이 상품은 판매 가능성

오픈마켓 광고 사례

출처: 11번가

이 높다는 점을 어필해 광고비 없이 메인 화면에 노출할 수 있었습니다.

Q. 부가세 신고는 반드시 해야 하나요?

A. 우리나라는 세계적인 IT 강국입니다. 온라인에서 판매된 내역 모두 국세청에서 파악하고 있습니다. 판매자가 신고한 부가세가 그동안 판매한 금액과 비교하여 상이한 징후가 있을 경우 세무조사를 통해 가산세까지 내야 할 수도 있습니다. 예전에 오픈마켓 판매자들을 대상으로 대대적인 단속을 시행한 적이 있습니

다. 그동안 상습적으로 세금을 누락해온 판매자들에게 누락분과 가산세까지 한 번에 부가했고, 그 결과 많은 판매자들이 사업을 그만두기도 했습니다.

Q. 사업 초기인데 어떻게 하면 빠른 시간 내에 노하우를 습득할 수 있을까요?

A. 먼저 성공한 몇몇 판매자를 철저하게 벤치마킹해보세요. 잘 팔리는 상품에는 이유가 있습니다. 상세 페이지에서는 상품을 어떻게 부각하는지, 상품명이나 대표 이미지는 어떻게 강조해서 눈에 띄게 하는지, 프로모션은 어떻게 기획해서 적용하는지, 가격 정책과 관련된 수단(스탬프, 적립, 마일리지 등)은 어떻게 활용하는지, 광고는 어떤 방식으로 하는지 등 하나부터 열까지 철저하게 벤치마킹을 해보는 것이 좋습니다.

티몬, 위메프 등 소셜커머스

소셜커머스는 최근 몇 년간 온라인 쇼핑에서 가장 핫한 분야였다. 2011년 쿠팡은 당대 최고의 스타 김태희와 비를 모델로 기용하여 TV 광고를 진행했고, 티몬과 위메프 등도 이에 뒤질세라 엄청난 마케팅 비용을 쏟아부으며 대응했다. 상품 가격 경쟁에서 우위를 점하고자 판매 수수료보다 더 높은 할인 쿠폰을 발행하는가 하면, 쿠팡의 로켓배송을 필두로 저마다 서비스 차별화 경쟁을 벌이기도 했다.

특히 2016년 초 쿠팡은 오프라인 강자인 이마트와 가격 경쟁을 선언하고 분유, 기저귀, 물티슈 등의 생필품에서 10원 단위의 치열한 할인 경쟁을 벌여 이슈가 되기도 했다. 고객에게는 쇼핑의 만족감을 채워주었지만 소셜커머스 3사는 출혈경쟁으로 인한 엄청난 손실을 감수해야 했다. 2016년 3사의 적자만 7,800억 원에 이르렀는데 2017년에도 비슷한 규모의 적자 행진이 이어지고 있다.

하지만 최근 들어서는 적자 규모를 줄이고자 누구라 할 것 없이 광고 시장에서 발을 빼고 있는 상황이다. 또한 수익성 면에서 가장 성공적인 결과를 보여주고 있는 오픈마켓 시장으로 사업 영역을 확대해나갔다. 2017년을 기점으로 오픈마켓과 같은 상품 중개 방식의 서비스를 내놓고 있다. 기존 소셜커머스의 특징인 딜 단위의 거래를 유지한 채 오픈마켓처럼 많은 판매자들이 자유롭게 입점하도록 하여 시장의 파이를 키우겠다는 전략이다.

한편 오픈마켓은 오히려 MD 체제를 강화하며 다양한 추천 상품 서비스를 내놓고 있는데, 이렇게 서로의 영역으로 사업을 확장해나가다 보니 오픈마켓과 소셜커머스의 경계가 급격히 무너지는 현상이 나타나고 있다.

TIP 소셜커머스에서 운영하기 Q&A

Q. 아직까지는 딜 단위의 판매 비중이 높은 편인가요?

A. 특히 위메프의 경우 소셜커머스의 기본인 딜에 집중하고 있는데, 월일의 숫자를 딴 '○○데이' 마케팅이 큰 호응을 얻고 있습니다. 2017년 말 '1212데이'는 하루 거래액이 300억 원으로 역대 최고치를 달성하기도 했습니다. 따라서 판매자는 담당 MD와

딜 단위의 상품 판매

출처: 위메프

의 협업을 통해 취급하고 있는 상품의 특징에 맞는 각종 딜에 적극 참여하는 것이 좋습니다. 앞에 나온 여수 돌산 갓 김치는 저희 회사에서 소셜커머스 딜로 등록하여 판매 중인 상품입니다.

Q. 로켓배송을 진행하는 것이 도움이 될까요?

A. 로켓배송은 쿠팡이 엄청난 자금을 투자해서 핵심적으로 키워온 물류 서비스인데, 마케팅에도 적극적으로 활용하고 있습니다.

예를 들어 로켓배송이 가능한 상품에는 로켓 모양의 아이콘을 붙여놓고 19,800원 이상 구매할 경우 주말에도 무료배송을 해주고 있습니다.

고객은 구매하고자 하는 상품의 가격이 낮을 경우 로켓배송을 이용하기 위해 추가 구매를 하는 경우가 많습니다. 따라서 객단가가 낮은 상품을 취급하는 판매자라면 로켓배송을 이용하는 것이 판매에 도움이 될 수 있습니다.

Q. 지역 서비스, 여행, 숙박 분야에서 차별화가 있나요?

A. 쿠팡이 최근 지역 서비스(일명 로컬 서비스라고 하며, 맛집, 미용실, 공연, 헬스 등 오프라인 매장에서 사용할 수 있는 이용권 판매)에서 철수했지만, 티몬과 위메프는 여전히 소셜커머스의 차별화 영역이자 모태

가 되었던 지역 서비스를 유지하고 있습니다.

또한 쿠팡을 포함한 3사는 모두 여행, 숙박, 레저, 항공권 등 다양한 서비스 분야에서 강점을 지니고 있습니다. 이러한 서비스 분야의 상품을 취급하는 판매자라면 당연히 소셜커머스를 1순위 사업 파트너로 고려할 필요가 있습니다.

스마트스토어 입점하기

☑ 스마트스토어(스토어팜) 입점 체크포인트

특징	Key point
• 수수료가 저렴하여 높은 수익률을 기대할 수 있다. • 주도적 사이트 운영이 가능할 때 효과적이다.	• 플랫폼에 대한 세밀한 이해 필요 • 차별화된 상품 기획력과 프로모션 • 회원 유치, 웹디자인 · 광고 · 마케팅 역량

'초록 공룡' 네이버가 쇼핑 서비스 스마트스토어를 오픈했다. 그리고 검색 시장의 70퍼센트를 차지하는 압도적인 이용자 수를 앞세워 온라인 유통 강자로 자리매김하고 있다.

네이버는 2013년 야심 차게 샵N 서비스를 론칭해서 큰 성공을 거두는가 싶었지만 기존 오픈마켓 등을 비롯한 온라인 유통업계의 큰 반발로 한 걸음 물러선 경험이 있다.

이후 중소 상인들이 거래 수수료 없이 손쉽게 온라인 쇼핑 사업을 할 수 있는 새로운 플랫폼 '스토어팜(2018년 스마트스토어로 명

스마트스토어 수수료

수수료 안내
입점/등록/판매 수수료
무료
네이버쇼핑 매출 연동 수수료(VAT 포함)
2%
네이버페이 결제 수수료(VAT 포함)
신용카드 : 3.74% 계좌 이체 : 1.65% 무통장 입금(가상계좌) 1%(최대 275원) 휴대폰 결제 : 3.85% 네이버페이 포인트: 3.74%

출처: 네이버쇼핑

칭 변경)'을 새롭게 내놓았다. 기존과 달리 거래 수수료는 없지만 검색과 결제 수수료를 통해 수익 모델을 만든 것이다. 즉 판매자는 네이버쇼핑을 통해 발생한 거래액의 2퍼센트를 수수료로 내야 하며, 네이버페이로 결제 시 신용카드 3.74퍼센트, 휴대폰 결제 시 3.85퍼센트, 계좌 이체 1.65퍼센트 등 추가로 결제 수수료를 지불해야 한다.

기존 온라인 쇼핑몰은 이것 역시 오픈마켓의 일종이라 생각하며 향후 감당하기 어려운 '유통 공룡'으로 성장하지 않을까 노심초사하고 있다. 더구나 국내 대형 쇼핑몰 대부분은 네이버와의 제휴를 통한 고객 유입이 상당하기에 고민은 더 클 수밖에 없다

(제휴 쇼핑몰들은 네이버쇼핑을 통해 고객이 해당 쇼핑몰을 방문하고 상품을 구매할 경우 네이버쇼핑에 거래액에 대한 일정액의 수수료를 지불하고 있다).

스마트스토어는 막강한 검색 기반과 낮은 수수료를 통해 기존 온라인 유통회사들과 비교할 때 상당히 두드러진 실적을 내고 있다. 업계에 따르면 네이버쇼핑의 거래액은 2016년 1분기 월평균 2,800억 원에서 2017년 4분기 월평균 6,933억 원으로 짧은 기간 동안 급성장하고 있다.

반면 온라인 판매자들에게는 네이버라는 막강한 포털사이트의 플랫폼 안에서 저렴한 수수료로 사업할 수 있게 되었다. 네이버 관계자에 따르면 네이버 검색 키워드의 약 30퍼센트 정도가 쇼핑과 관련된 것이라고 한다. 이런 통계치가 보여주듯이 네이버쇼핑은 판매자들에게 큰 사업 기회의 장이 되고 있다. 2017년에만 스마트스토어에 입점한 판매자가 약 1만 5천 명에 이른다고 하며 누적으로는 10만 명 이상이 현재 활동 중이다.

스마트스토어에서 내 상품 상위 노출하기

스마트스토어 입점 신청을 하고 스토어를 개설하는 과정은 비교적 간단하다. 네이버쇼핑 하단에 '입점 안내' 부분만 잘 읽어보면 쉽게 나만의 스토어를 만들 수 있다.

문제는 어떻게 운영하느냐이다. 우선 내 상품이 원하는 대로 잘 등록되는 것이 중요하다. 말하자면 네이버쇼핑 상위에 노출되는 것인데, 상품 리스트 1페이지에 노출되는 것과 10페이지에 노출되는 것은 큰 차이가 있기 때문이다. 그렇다면 상위 노출을 위한 방법은 무엇일까?

네이버의 해당 담당자 이외에 이 질문에 대한 답을 계량적으로 정확히 설명할 수 있는 사람은 없을 것이다. 일반 쇼핑몰의 경우는 로직이 상대적으로 간단한 편인데 네이버쇼핑의 상품 리스팅 알고리즘은 상당히 복잡할 뿐만 아니라 잦은 개편을 통해 수시로 바뀌기 때문이다. 하지만 아무리 복잡하고 수시로 바뀐다 하더라도 본질적 요인은 변하지 않는다. 그래서 파워셀러는 쇼핑 플랫폼 정책이 어떻게 바뀌든지 크게 영향을 받지 않는 것이다.

효과적으로 상품을 등록하고 상위에 노출되기 위해서는 무엇을 고려해야 하는지 대표적인 몇 가지를 살펴보자.

상품명을 눈에 띄게

공식적인 상품 정보를 사용하여 50자 이내로 작성하며 특수 기호나 관련 없는 내용이 들어가지 않도록 한다. 상품명 이외에 중요한 단어는 가능한 앞부분에 위치하도록 한다.

대표 이미지 강조

상품이 선명하게 보이도록 고해상도 이미지를 사용한다. 또한 해당 상품의 이미지 이외에 불필요한 소품 사진이나 상품 홍보 문구 등은 노출하지 않는다.

이벤트 필드

할인 쿠폰, 적립금 및 각종 이벤트는 상품명에 쓰지 않고 이벤트 필드에 기입한다. 상품 등록 시에 별도의 이벤트가 있는 경우 이벤트 필드에 해당 내용을 입력하게 되어 있다. 상품명에 이벤트 내용을 넣으면 정확한 상품명으로 찾기가 어렵고 상품명이 너무 길어져 가독성이 떨어지기 때문이다.

카테고리 결정하기

네이버쇼핑에서 판매하고자 하는 상품을 검색해보면 해당 카테고리가 하단에 보이는데, 기준에 맞게 세부 카테고리까지 정확히 선택해야 한다. 생수를 취급하는데 건강기능식품 카테고리에서 판매가 잘될 것 같다고 임의로 정해서는 안 된다.

가격 비교

상품명과 모델 번호를 정확히 기입하여 가격 비교 상품으로 매칭을 하면 가격 경쟁력이 있을 경우 상위 노출이 가능하다.

모바일 대응

상세 페이지 정보가 모바일에 최적화되도록 하고, 페이지가 빠르게 열리도록 파일 용량을 체크한다. 용량은 20메가바이트 이하여야 한다.

상품 정보 구성

상세 페이지가 하나의 이미지가 아닌 이미지와 텍스트가 함께 구성되도록 한다. 스마트스토어의 특징은 본문 검색, 즉 상세 페이지 내의 텍스트가 검색된다는 것이다. 검색이 많이 되는 단어를 활용해 상품 정보를 구성하는 것이 좋다.

배송 관리

빠른 배송이 중요하다. 특히 주문량이 많을 때 준비된 재고 부족 등의 이유로 배송이 제때 이루어지지 않으면 노출 지수가 크게 하락하므로 유의해야 한다.

구매평

상위 노출에 매우 중요한 요소이다. 만족 지수가 높은 구매평이 많을 경우 유리하다. 특히 네이버쇼핑 상품 리스팅 방법 중에 '상품평 많은 순으로 보기'가 별도로 있기 때문에 좋은 구매평을 위해 신경을 많이 써야 한다.

구매 데이터

네이버쇼핑에서 직접적으로 표현하고 있지 않지만 실질적으로 상품 리스팅에 가장 큰 영향을 끼친다고 봐도 무방할 것이다. 판매량은 물론 구매 전환율, 즉 클릭당 주문율도 상당히 중요하다.

기타 고객의 문의에 빠른 댓글로 응대한다든가 반품률이나 취소율이 적다면 상위에 오르는 데 도움이 될 것이다. 그 외에도 소소한 여러 가지 요소들이 순위에 반영된다. 따라서 상위 노출을 위해서는 무엇보다 판매자의 성실함이 요구된다. 위의 요소들을 보면 너무나도 당연한 내용 같지만 하나하나 빠짐없이 체크해서 지속적으로 경쟁력을 확보해나가는 것이 무엇보다 중요하다.

스마트스토어에서 상위 노출을 하기 위해 '스토어찜', '톡톡친구 맺기' 등을 활용하는 것도 효과적이다. 네이버 블로그의 경우도 이웃을 늘리며 소통을 활발히 할수록 블로그 지수가 상승하는데 스마트스토어도 이와 비슷하다. '스토어찜'이나 '톡톡친구 맺기'를 활성화하기 위해서는 할인 쿠폰을 제공한다든지 상품 구매 시 할인가 적용 등의 혜택을 제공하는 것도 효과적이다.

쇼핑 윈도 활용하기

오프라인 매장을 운영 중이라면 쇼핑 윈도를 주목할 필요가 있다. 쇼핑 윈도의 가장 큰 장점은 오프라인 매장 사업자가 온라인

상에 윈도를 개설하여 온·오프라인 매장을 동시에 영업할 수 있다는 것이다.

O2O(online to offline) 플랫폼으로 론칭된 쇼핑 윈도를 통해 고객은 지방 유명 매장들의 상품을 온라인으로 구매할 수 있다. 판매자들은 해당 지역에 한정되었던 고객층 이외에 온라인을 통해 전국을 대상으로 판매 기회를 넓힐 수 있다.

예전에는 오프라인 매장 운영자들이 홈페이지를 만들어 상품 판매를 시도하다 제작과 운영이 어려워 중단하는 경우가 있었다. 이제 네이버에서 제공하는 쇼핑 윈도를 통해 간편하게 온라인 매장을 개설하고 네이버톡톡, 네이버페이로 고객 응대 및 결제 시스템까지 갖출 수 있게 되었다. 쇼핑 윈도는 상품의 특징에 맞게 다양한 형태로 운영되고 있다. 스타일윈도와 리빙윈도는 입점 조건으로 반드시 간판 및 쇼윈도가 있는 오프라인 매장을 운영하고 있어야 하며, 윈도 가이드에 맞춰서 상품 페이지를 제작해야 한다.

푸드윈도의 경우 매장은 없어도 되지만 판매자가 산지에서 해당 상품을 직접 생산하고 있음을 증명해야 한다. 플레이윈도는 네이버쇼핑 영역 내 '베스트 100'의 주간 인기 브랜드 리스트에 있어야 하는 등 히트 상품 위주로 선정된다. 각 윈도별로 입점 조건이 다르므로 스마트스토어 내의 입점 안내문을 사전에 확인하는 것이 좋다. 또한 윈도를 오픈하기 위해서는 사전에 스마트스토어가 개설되어 있어야 한다.

- 백화점 쇼윈도를 그대로 옮겨놓은 듯한 백화점윈도
- 저렴하고 다양한 상품을 볼 수 있는 아울렛윈도
- 전국 곳곳의 유명한 옷가게를 모아놓은 스타일윈도
- 최신 유행 상품을 볼 수 있는 디자이너윈도
- 화장품, 이미용품 전문 매장 뷰티윈도
- 농수산 및 축산물 등 전국의 특산품 직거래 장터 푸드윈도
- 교구, 완구, 의류 등 아이들을 위한 상품 코너 키즈윈도
- 사료, 간식 등 애완동물을 위한 상품을 취급하는 펫윈도
- 디지털, 스포츠, 취미 관련 인기 상품을 모아놓은 플레이윈도
- 그림, 공예품, 디자인 상품 등 전시장을 보는 듯한 아트윈도
- 해외에서 현지 상품을 판매할 수 있는 해외직구윈도

네이버는 검색 시스템이 상당히 잘 갖추어져 있는데 쇼핑 서비스도 예외가 아니다. 검색을 통해 자주 노출되어야 매출이 증가할 수 있는데 단순히 검색 광고에만 의존해서는 매출 대비 수익성이 결코 좋을 수가 없다.

네이버에서 정책적으로 육성하고 있는 스마트스토어와 윈도를 적극적으로 활용할 필요가 있다. 자체 쇼핑몰을 별도로 운영하고 있다 하더라도 스마트스토어를 통해 상품 판매를 병행해볼 것을 권한다. 자체 쇼핑몰보다 스마트스토어에 등록된 상품이 네이버쇼핑뿐만 아니라 통합 검색에서도 노출 기회가 더 많기 때문이다.

또한 스마트스토어에 상품을 등록한 후에는 네이버쇼핑에서 운영하는 기획전 '럭키투데이'에도 적극 참여해보자. 소셜커머스에서 진행하는 딜과 유사한 서비스이다.

카카오 메이커스 입점하기

☑ 메이커스 입점 체크포인트

특징	Key point
• 국내 제조 및 생산된 상품만 취급한다. • 기존 판매 이력이 없는 신규 상품이어야 한다. • 상품에 대한 고객의 빠른 반응을 기대할 수 있다.	• 젊은 층을 겨냥한 신개념 상품 기획 • 상품의 가성비와 가심비(가격 대비 만족 추구) 함께 고려

2016년 2월 카카오는 주문생산 방식의 신개념 쇼핑몰 '메이커스 위드 카카오(MAKERS with kakao)'를 론칭했다. 일종의 크라우드 펀딩(crowd funding, 자금이 필요한 수요자가 온라인 플랫폼을 이용해 불특정 다수로부터 자금을 조달하는 방법)을 응용한 쇼핑몰의 형태라고 볼 수 있다.

제조사라면 카카오에서 운영하는 메이커스를 주목해볼 만하다. 대형 포털사이트에서 야심 차게 내놓은 서비스인 만큼 모객 효과가 상당히 커서 단기간에 눈에 띄는 성과를 올릴 수 있다. 아이디어가 참신하고 상품성은 좋지만 자금 사정이나 판매 채널 확보 등에 어려움을 겪고 있는 제조사들에게 좋은 사업 기회가 될 수 있다. 좋은 상품을 생산할 능력만 된다면 자금과 판로에 대한 고민이 해결될 수 있을 것이다.

제조사는 생산 예정인 상품에 대한 목표 수량을 기재해서 메이커스에 등록하고, 고객은 상품 내용을 보고 선주문을 하는 방식이다. 상품 등록 기간, 즉 고객이 선구매할 수 있는 기간은 보통 일주일 또는 2주일 정도이며, 제조사는 이 기간 동안의 선주문 물량을 확인하고 생산해서 고객에게 배송하면 된다. 주문 물량에 맞춰 생산하므로 재고 걱정을 할 필요도 없다.

제조사는 재고 부담이 없기 때문에 원가 절감 효과로 이어져서 자연스레 판매가도 경쟁력을 갖출 수 있다. 목표 수량은 보통 천 개 내외로 책정되며 객단가는 2~5만 원대가 주를 이룬다. 판매되는 상품은 국내에서 제조되는 공산품과 가공식품이 대부분을 차지한다.

메이커스의 특징 중 하나는 시장에 나와 있지 않은 신상품만을 취급한다는 것이다. 기존에 판매되고 있는 상품은 입점이 불가하다. 따라서 메이커스를 통해 선보이는 상품은 독특한 아이디어를 기반으로 한 신상품들이 대부분이다.

고객은 시중에 나와 있지도 않은 상품을 단지 상세 페이지만을

메이커스에서 판매 중인 상품

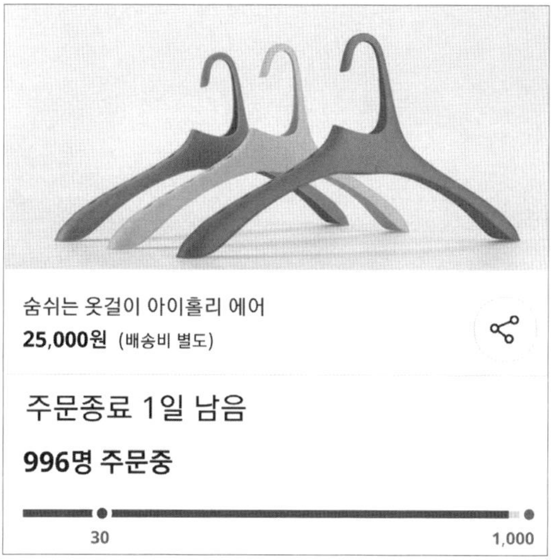

출처: 메이커스 사이트

보고 구매를 결정한다. 또한 2주일 동안의 선주문 기간을 거친 후에 상품이 준비되면 배송이 이루어지기 때문에 상품 수령까지 꽤 오랜 시간을 기다려야 한다.

고객은 시중에서 접해보지 못한 신상품을 얻기까지 인내심을 갖고 기다려야 한다. 따라서 메이커스는 상품 선정은 물론 품질과 가격 면에서 고객 만족 수준이 높게 유지될 수 있도록 큰 관심을 기울이고 있다.

서비스가 시작된 이래 고객의 반응은 상당히 고무적이다. 하루 매출이 1억 원을 넘어서기 시작했으며 서비스 오픈 이래 2017

년 10월까지 누적 매출이 232억 원에 이르고 있다. 아직은 사업 초기 단계이지만 막강한 플랫폼과 고객 입소문을 통해 큰 성장세를 이어갈 것으로 기대된다.

백화점 같은 종합몰

☑ 종합몰 입점 체크포인트

특징	Key point
• 취급 상품의 브랜드 강화에 도움 • 입점 및 QC가 까다롭다 • 쇼핑몰 중 수수료가 가장 높음	• 30~50대의 구매력 높은 고객층 공략 계획 • 지속적인 프로모션 기획 및 진행 • MD와 긴밀한 협력 관계 유지

'ssg닷컴, 롯데백화점, 현대h몰.' 장사를 하는 사람들에게 백화점 같은 종합몰 입점은 하나의 꿈이다. 오픈마켓을 통해 쇼핑몰에 대한 기본적인 이해와 경험을 충분히 갖추었다면 다음 단계로 종합몰 입점을 통한 판매 채널 확대를 고려해볼 필요가 있다. 종합몰은 대체로 백화점이나 홈쇼핑 회사가 온라인 쇼핑몰을 병행하는 방식으로 운영된다.

온라인 판매 경험이 있는 사람들은 익히 알겠지만 종합몰은 입점부터 운영에 이르기까지 오픈마켓에 비해 상당히 까다로운 편

종합몰 입점 절차

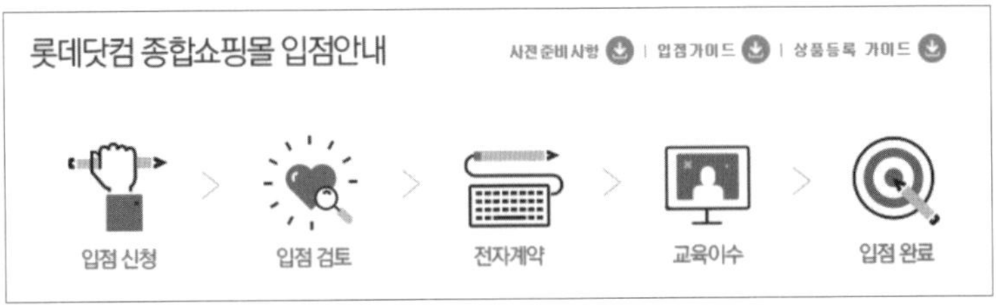

출처: 롯데닷컴

이다. 그런데도 판매자들이 입점하고자 하는 이유는 종합몰만의 매력적인 요인이 있기 때문이다.

종합몰은 브랜드 상품 위주로 취급하며 상품성과 품질이 어느 정도 검증된 상품만 입점할 수 있다. 종합몰에 입점만 되어도 인정받았다고 할 수 있는 것이다. 오프라인에 비유한다면 백화점에 입점된 것과 같다. 이런 이유로 판매자들 중 일부는 자신의 상품이 종합몰에 입점되었다는 것을 홍보하고자 상품 카탈로그 상단에 해당 종합몰의 로고를 넣기도 한다.

가격이 조금 비싸더라도 종합몰의 주요 고객은 MD가 추천한 상품을 신뢰하는 편이다. 또한 쇼핑몰에서 제공하는 무이자 할부, AS 보증, 간편한 반품, 친절한 상담 등 다양한 고객 서비스에 대한 만족도가 높은 편이다.

따라서 판매자는 취급하는 상품이 종합몰 입점 자격 요건과 높은 수수료를 감당할 수 있는 수익 구조를 갖추고 있다면 종합몰에서의 판매를 적극 고려해볼 필요가 있다. 오픈마켓과 비교해보면 종합몰을 더욱 쉽게 이해할 수 있다. 두 채널의 차이점을 살펴보자.

오픈마켓과 종합몰의 비교

구분	오픈마켓	종합몰
콘셉트	품질 좋은 상품을 저렴하게	높은 상품 신뢰도 및 고객 서비스
수수료	8~12%	20~35%
결제	일주일 전후	1~2개월
상품 수	많음. 동일 상품 복수 등록 가능	적음. MD 승인하에 등록
품질관리	미미한 수준	입점 시 또는 수시 진행
입점 서류	사업자등록증, 통신판매신고증	회사 및 상품 소개서, 이행보증보험증서, 전자계약 등
상품 노출	유료 광고 의존도 높음	MD 추천 방식
고객층	10~30대 비중 높음	30~50대 비중 높음
고객 응대	판매자가 직접 응대	쇼핑몰 전문 상담원

콘셉트

오픈마켓은 업계 최초 쇼핑몰인 옥션이 경매 서비스를 기반으로 시작한 데서도 볼 수 있듯이 최저가를 지향하는 사업 모델이다. 따라서 고객은 동일 상품 또는 유사 상품들을 비교해보면서 최저가 또는 가성비 높은 상품을 구매하는 경향이 높다.

반면 종합몰은 고객이 믿고 주문할 수 있도록 MD가 엄선한 추천 상품 위주로 판매하며, 고객의 클레임에 발 빠르게 대응하는 등 높은 서비스 만족도를 통해 차별화하고 있다.

수수료

오픈마켓은 카테고리별로 획일화되어 있으며 10퍼센트 전후의 낮은 수준이다. 종합몰의 경우는 카테고리별 수수료의 차이가 큰 편인데, 대형가전이나 농산물 등은 20퍼센트 이하인 경우도 있으나 의류, 잡화, 이미용품 등은 30퍼센트 초·중반에 이르기도 한다. MD와 프로모션 상품을 기획하는 경우에는 10~20퍼센트 수준으로 조율이 가능한 경우도 있다. 종합몰 수수료가 비싼 편이지만 할인 쿠폰, 카드 무이자, 적립금 등을 모두 자체 부담하는 반면 오픈마켓은 판매자가 원할 경우 이 모든 것을 자기 부담으로 해야 한다.

결제

수수료를 제외한 상품 판매 대금을 언제 어떻게 받느냐도 중요하다. 오픈마켓의 경우 보통 두 가지 방식으로 정산이 이루어진다. 첫째는 수동 구매 결정으로 고객이 상품 수령 후 구매 결정을 클릭한 다음 날 판매 대금이 결제된다. 둘째는 자동 구매 결정으로 구매자가 상품 수령 후 구매 결정을 하지 않더라도 배송 완료 후 8일이 지난 다음 날 판매 대금이 정산된다. 물론 쇼핑몰마다 약간의 차이가 있다.

종합몰의 경우 정산 방식이 쇼핑몰마다 다양하다. 일반적으로는 당월 판매분에 대해 익월 10일, 15일, 말일 등 일정한 날짜에 결제가 이루어지는 경우가 많다. 익월 말일 결제가 되는 경우 당월 1일 판매분이 결제되기까지는 최대 2개월이 소요될 수 있다. 이렇게 정산 기간이 너무 긴 쇼핑몰의 경우는 전자방식 외상매출채권담보대출(외담대, 이하 전자방식 외담대) 같은 일종의 전자어음을 할인하는 방식으로 판매자가 조기에 판매 대금을 받을 수 있는 수단을 제공하기도 한다. 일부 빠른 정산 시스템을 도입한 쇼핑몰의 경우는 판매분을 10일 단위로 결제하기도 한다. 따라서 입점하고자 하는 쇼핑몰의 정산 기간과 주기를 미리 확인해볼 필요가 있다.

상품 수

오픈마켓은 판매자가 임의로 상품을 등록할 수 있기 때문에 상품의 수가 많을 수밖에 없는 구조이다. 특히 여러 판매자가 동일 상품을 각자 등록해서 판매할 수 있는 만큼 중복 상품의 수가 상당히 많다. 많은 판매자가 도매피아, 왕도매 같은 도매 사이트에서 똑같은 상품을 공급받아서 등록하기도 한다.

반면 종합몰은 원칙적으로 동일 상품 모델이 복수로 등록되지 않는다. 따라서 온라인 총판 계약이 되어 있는 판매자가 우선순위로 입점되는 경우가 많으며 총판 계약이 되어 있지 않은 상품은 가격 경쟁력이나 입점사의 신뢰도 등을 평가하여 입점이 결정된다.

품질관리

품질관리(QC, Quality Control)뿐 아니라 품질보증(QA, Quality Assurance)에 있어서도 큰 차이점이 있다. 오픈마켓은 상품 판매 중개 방식에 따라 판매자와 구매자 간에 품질 문제로 인한 분쟁 시 관여하지 않는 것을 원칙으로 한다. 하지만 종합몰은 판매의 주체가 되므로 품질관리에 신경을 많이 쓴다. 입점 시뿐만 아니라 이후에도 지속적으로 관리하는데, 일부 쇼핑몰의 경우 판매자의 상품을 임의로 구매해서 품질이나 포장 상태 등을 수시로 점검하기도 한다. 또한 상품명이나 상세 페이지 내에 과대광고나 고객이 오해할 만한 내용이 있는지도 점검한다. 따라서 광고 문구 등은 조심해서 사용해야 한다.

입점 서류

오픈마켓의 경우 사업자 등록과 통신판매 신고만 되어 있으면 누구나 사업을 시작할 수 있다. 반면 종합몰의 경우 회사소개서와 상품소개서는 기본이고 입점 시에는 이행보증보험 가입이 필수이며 주로 전자계약 방식으로 체결된다. 서류 이외에 입점사 방문 실사를 하는 경우도 있다. 입점 후에는 고객 정보보호 관리 준수 여부를 확인하기 위해 주기적으로 방문한다. 홈쇼핑 방송까지 할 경우에는 기업신용평가서 등 다양한 서류가 추가로 요구된다.

상품 노출

상품 노출은 판매량 증가와 밀접한 관련이 있기 때문에 판매자가 가장 신경을 많이 쓰는 부분이다. 오픈마켓에서의 노출은 기본적으로 키워드 광고나 리스팅 광고(고객이 특정 키워드를 입력하면 검색 결과 화면에 광고성 제품을 노출하는 광고)에 크게 의존할 수밖에 없다. 따라서 판매자는 입찰가 등을 자세히 검토하고 자신에게 맞는 효과적인 광고 방법을 찾는 데 노력을 기울여야 한다.

반면 종합몰의 경우 홈쇼핑과 더불어 MD와의 협업이 가장 중요하다. 담당 MD는 자신이 관리하는 광고 구좌에 추천 상품을 게재할 수 있다. 마케팅 부서에서 담당하는 메인 화면 광고 역시 MD가 내부 건의를 통해 추천 상품을 등록할 수 있다. 그 외에 다양한 기획전 및 고객에게 발송하는 이메일을 통해서도 상품 광고의 기회가 있다. 따라서 담당 MD와 커뮤니케이션을 원활하게 유지하면서 자신이 취급하는 상품을 잘 어필하여 다양한 광고 기회를 확보할 수 있도록 노력해야 한다.

고객층

오픈마켓은 주로 젊은 고객층의 비율이 높은데 이들은 PC보다 스마트폰을 통한 쇼핑에 익숙하다. 따라서 스마트폰을 통한 주문 비율이 전체의 70퍼센트를 넘어서는 곳도 있다. 판매 상품은 의류, 잡화, 식품 등의 비중이 높으며, 객단가는 상대적으로 낮은 편이다. 상품 구매 시 가격 비교 및 고객 혜택 등을 꼼꼼히 체크하는 경향이 높다.

종합몰의 경우 30~50대 고객층이 두텁게 형성되어 있다. 이들은 단골처럼 이용하는 특정 쇼핑몰에 대한 로열티가 강한 편이어서 해당 쇼핑몰에서 가격 할인 등 다양한 혜택을 받을 수 있는 제휴 카드 사용 비중도 높다. 가격도 중요하지만 해당 쇼핑몰에 대한 신뢰를 기반으로 구매하는 성향이 높은 편이다.

원하는 상품을 찾는 방법에 있어서도 오픈마켓 고객의 경우 상대적으로 검색 비중이 높은 반면, 종합몰 고객의 경우 카테고리를 클릭하면서 상품군을 좁혀가는 방식의 비율이 높다.

고객 응대

보통 고객 응대는 CS(Customer Satisfaction)라고 하는데, 오픈마켓 회사도 고객 응대를 하지만 주로 쇼핑몰 사용법 등에 한정된다. 일반적인 반품, 교환은 오픈마켓을 통해 잘 진행되지만, 문제가 있는 일부 상품의 반품, 교환 등에 대한 구체적인 문의는 판매자와 직접 상담할 것을 권한다. 특히 판매자와 고객 간에 분쟁이 발생했을 때 당사자 간 해결을 원칙으로 하고 있다. 따라서 판매자 입장에서는 블랙컨슈머 같은 까다로운 고객을 응대할 경우 상당히 곤혹스러울 수 있다. 반대로 구매자 입장에서는 교환이나 환불 거부 등 막무가내식 판매자를 만나기라도 하면 해결 과정이 험난한 경우도 많다.

종합몰은 기본적으로 판매자의 정보를 노출하지 않고 전문 상담원이 직접 고객 응대를 하기 때문에 고객이나 판매자의 만족도가 높다. 상담원은 관련 법이나 약관 등 가이드에 따라 대응하며 반품이나 교환 등에 있어서 고객의 불편을 최소화하려고 한다. 따라서 변심으로 인한 반품 비중이 다른 유형의 쇼핑몰에 비해 상대적으로 높을 수 있는데, 판매자 입장에서는 이러한 점도 고려해야 할 부분이다.

종합몰은 판매자가 지불하는 수수료가 높다고 생각할 수 있다. 그러나 종합몰은 브랜드 강화에 상당한 광고 비용을 쏟고 있으며, 할인 쿠폰, 적립금 등 마케팅 비용 지출이 크다. 또한 고객 만족을 위해 MD, 상담원 등 많은 인력을 운용하는 만큼 충성도 높은 고객을 많이 확보하고 있다.

종합몰은 입점 단계부터 까다로운 부분이 많지만 상품 브랜드를 강화할 기회가 될 뿐 아니라 구매력 높은 고객을 접할 수 있는 매력적인 채널이다. 판매자의 아이템과 사업 방식이 종합몰과 잘 맞는지 확인해보고 사업성이 있다면 쉽게 포기하지 말고 시도해 보길 바란다.

틈새시장 전문몰

☑ 전문몰 입점 체크포인트

특징	Key point
• 고객은 해당 상품군에 대해 깊은 관심을 가지고 있다. • 만족도가 높을 시 재구매 등 단골 고객이 되는 경향이 높다.	• 상품의 구색과 전문성 확보를 통한 차별화 • 고객의 구매 트렌드 파악 및 신속한 대응 • 판매가 유망한 사이트 발굴

'애완동물 사료 전문 쇼핑몰', '레고 전문몰'.

옥션(대형 오픈마켓), 쿠팡(소셜커머스), 롯데닷컴(종합몰)은 모든 상품군을 취급하는 종합 쇼핑몰이다. 전문몰을 일명 카테고리 킬러(category killer)라고도 하는데 잘 알려진 토이저러스(ToysRus, 완구)나 이케아(가구), ABC마트(신발) 등이 대표적이다. 대형몰들이 대부분 대규모 자본을 바탕으로 모든 상품군을 취급하면서 다방면으로 공격적인 마케팅을 전개하는 반면 전문몰은 특정 분야에 집중하면서 해당 상품군만을 취급한다. 전문몰의 특징은 다음 3가지로 정리할 수 있다.

전문성

다양한 상품을 취급하는 대형몰과 비교하자면 특정 상품군에 대해 고객의 니즈를 정확히 파악하고 그에 맞는 상품을 잘 구비하고 있다. 또한 상품 이외에도 관련된 분야의 다양한 정보를 제공하고, 사이트 내에 마니아층의 커뮤니티까지 형성되어 있는 경우도 있다. 전문몰의 CEO는 대체로 해당 상품군에 대해 깊이 있는 지식과 경험을 갖추고 있다. 직장 생활이나 취미 활동을 통해 오랫동안 관심을 가지고 있다가 해당 분야에 대한 쇼핑몰을 창업하는 경우가 많기 때문이다.

다양성

해당 상품군에 한해 대형 쇼핑몰보다 다양한 상품을 구비한 곳이 많다. 문구 전문몰이라면 대형 종합몰에서 취급하지 않는 전문 사무용품까지 보유하고 있다. 체형이 큰 고객은 일반 쇼핑몰에서는 구할 수 없는 의류나 신발 등을 빅사이즈 쇼핑몰에서 구매할 수 있다. 심지어 상품이 준비되어 있지 않더라도 고객이 요구하면 업계 네트워크를 통해 구해주기도 한다.

가격 경쟁력

전문몰은 제조사 직거래 또는 대량 매입을 통해 가격 경쟁력을 확보하고 있는데, 이는 불황이 장기화되면서 전문몰이 각광을 받는 가장 큰 요인이다. 일부 전문몰은 자체적으로 상품 기획, 디자인, 제조 및 판매까지 하고 있다.

국내 온라인 쇼핑몰 중에서 전문몰의 성장세가 꾸준하게 유지되고 있는데, 국가통계포털(kosis.kr)에 따르면 2017년 연간 거래액은 17조 원에 달한다. 틈새시장에서 벗어나 온라인 쇼핑의 큰 축으로 성장하고 있는 것이다.

전문몰 거래액 추이

(단위: 백만 원)

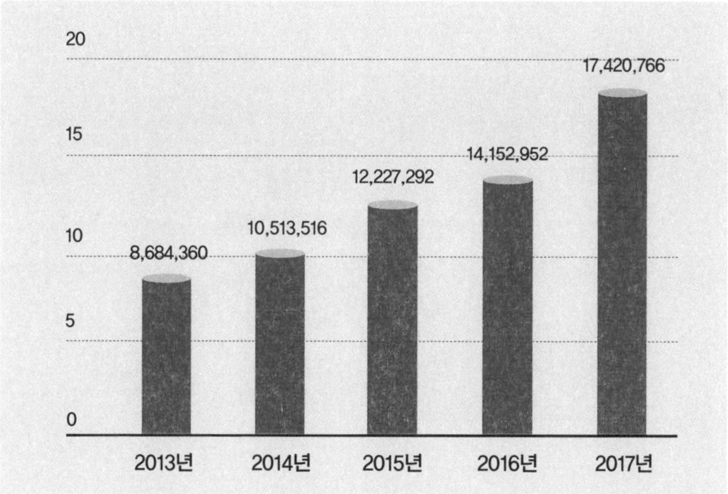

자료: 국가통계포털

전문몰 분야는 의류, 등산, 낚시, 유아용품, 식품, 이미용품, 애견용품 등 매우 다양한데 그중 몇 가지 사례를 살펴보자.

우체국쇼핑은 전국의 특산품을 중점적으로 판매하는 쇼핑몰이다. 수입산 식품이나 대기업 가공식품보다는 산지 직거래를 통해 제품을 판매하기 때문에 농어민들의 판로 개척에 큰 도움을 주고 있다. 우체국 쇼핑은 입점할 때 생산지부터 제품까지 꼼꼼하게 검증한다.

우체국쇼핑

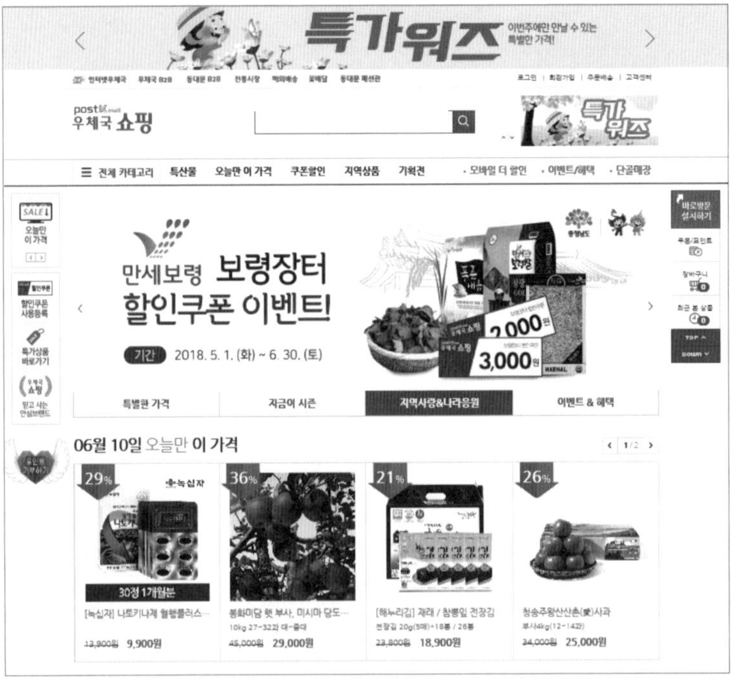

출처: 우체국쇼핑 홈페이지

스킨알엑스

출처: 스킨알엑스 홈페이지

스킨알엑스는 국내외 유명 브랜드 위주의 화장품 및 이미용품만을 전문적으로 취급하고 있다.

트라이씨클에서 운영하는 보리보리 쇼핑몰은 유아 · 아동 전

보리보리

출처: 보리보리 홈페이지

문몰이다. 기저귀와 분유를 비롯해 장난감, 교구, 의류 등 해당 연령대의 아이를 타깃으로 다양한 상품을 판매하고 있다.

대형 종합몰에서 전문몰의 특징을 살려 비슷한 콘셉트로 특화된 서비스 코너를 선보이기도 한다. CJ몰의 경우 2017년 1월 애완동물 용품 전문 쇼핑몰 올펫클럽(ALL PET CLUB)을 오픈했다.

이전까지는 쇼핑몰 내의 생활/건강/취미 카테고리 하위에 있는 반려동물 카테고리에서 애견 및 애묘 용품을 판매했다. 새롭게 선보인 올펫은 CJ몰 안에 별도의 전문몰처럼 운영되고 있으며, 애완동물의 종류와 나이 등의 정보를 입력하면 맞춤 상품 추

올펫

출처: CJ몰

천 및 기타 다양한 혜택을 제공한다. 애완용품 이외에 호텔, 장례 서비스, 스튜디오 촬영권, 맞춤옷 제작 서비스, 보험 등도 순차적으로 선보일 예정이라고 한다.

대형 쇼핑몰 이외에 판매자가 취급하는 상품에 잘 맞는 전문몰을 찾아서 입점하는 것도 성공하기 위한 좋은 방법이다.

성장을 거듭해서 TV 광고 등을 통해 브랜드가 알려진 전문몰도 많다. 또한 전문몰의 특징 중 하나는 고객의 만족도가 높으면 단골로 이어지는 경우가 많다는 것이다.

최근 식품과 애완용품을 취급하는 전문몰의 성장세가 두드러지고 있는 것도 눈여겨볼 점이다. 다이어트, 유기농, 건강식품, 간편식 및 비건(Vegan, 완전 채식주의자)을 위한 전문몰 등 차별화된 식품 전문몰들이 다양하게 생겨나고 있다. 또한 고령화, 핵가족화의 영향으로 애완동물이 가족의 일원으로 받아들여지면서 애완동물을 위한 씀씀이도 많이 증가하고 있다.

대형 전문몰을 찾는 방법으로는 랭키닷컴(www.rankey.com)을 이용하기도 한다. 카테고리 순위 정보에서 쇼핑을 클릭하고 관심 있는 상품군의 전문몰을 선택해서 볼 수 있다.

숨겨진 알짜 폐쇄몰

☑ 폐쇄몰 입점 체크포인트

특징	Key point
• 쇼핑몰에 대한 정보가 제한적이다. • 사이트별 고객이 세분화되어 있다. • 임직원몰, 선택적 복지제도에 대한 이해가 필요하다.	• 고객이 선호할 만한 전략 상품 기획 • 차별화된 가격 경쟁력 확보 • 고객사와 특판 연계 고려

쇼핑몰 창업자들을 만나 다양한 쇼핑 채널에 관한 이야기를 나누다 보면 폐쇄몰에 대해 가장 궁금해한다. 비공개 쇼핑몰이다 보니 정보 접근성이 상당히 제한적이기 때문이다. 국내 대형 폐쇄몰에서 근무한 내 경험을 토대로 숨겨진 알짜들을 최대한 자세히 설명하고자 한다.

공무원들만 이용할 수 있는 복지 쇼핑몰이나, 특정 기업 임직원과 회원만 이용할 수 있는 쇼핑몰을 '폐쇄몰'이라고 부른다. 즉 폐쇄몰은 일반 이용자가 아닌 특정 기업 임직원이나 공무원, 회원 등을 대상으로 하며, 개인별로 부여된 ID를 통해서만 접근이 가능한 쇼핑몰이다. 입점하기가 어려워서 그렇지 입점만 하면 매출이 보장되는 블루오션으로 생각하는 판매자들이 많다.

실제로 그동안 폐쇄몰만을 전문적으로 영업하는 벤더사들이 시장의 큰손 역할을 하며 좋은 성과를 내기도 했다. 최근에는 점차 입소문을 통해 일반 판매자에게도 많이 알려졌다. 폐쇄몰의 종류는 다양하지만 그중 매출 규모가 크고 판매자에게 도움이 될 만한 몇 가지 유형을 소개하고자 한다.

공무원 대상 선택적 복지몰

공무원이나 공기업 직원들을 대상으로 선택적 복지제도에 맞게 운영되는 폐쇄몰의 일종이다. 선택적 복지제도란 복지 예산을 복지 포인트의 형태로 공무원 개개인에게 부여하고 복지 포인트 범위 내에서 자유롭게 상품이나 서비스를 구매할 수 있는 제도이다.

공무원의 경우 선택적 복지제도가 의무적으로 시행되고 있으며 공기업은 자율에 맡기고 있다. 선택적 복지제도는 민간 기업으로 확산되어서 일부 대기업과 금융기관 등에 도입되고 있으며 지속적으로 증가 추세에 있다.

선택적 복지 서비스를 제공하는 회사는 수십 곳이 있는데 대표

이지웰페어 복지 시스템 개념도

출처: 이지웰페어

적인 회사로는 이지웰페어, 베네피아를 운영하는 SK엠앤서비스, 이제너두, 공무원연금공단, 인터파크비즈마켓 등이 있다.

거래액도 상당해서 주요 회사들의 경우 연간 거래액이 몇천억 원에 달한다. 그중 규모가 가장 큰 이지웰페어는 시장점유율이 약 50퍼센트 정도이며 2013년 코스닥에 상장되기도 했다. 이지웰페어는 내가 사업을 하기 전 마지막으로 몸담았던 직장이다.

선택적 복지제도로 운영되고 있는 선택적 복지몰의 주요 특징을 알아보자.

선택적 복지몰의 특징

상품

선택적 복지제도는 직원들의 건강, 여가, 레저, 문화, 교육 등에 대한 복지 증진을 목적으로 운영되기 때문에 위의 취지에 맞는 상품들이 갖춰져 있다.

이지웰페어에서 운영하는 복지숍의 대표적인 카테고리 유형도 스포츠, 건강, 가전, 자동차, 화장품 순으로 건강 카테고리가 상위에 있다. 참고로 고객사(선택적 복지몰을 운용하는 지자체, 공기업, 일부 민간기업 등을 일컫는다)마다 맞춤형 서비스가 제공되므로 상품 카테고리 유형이나 종류가 복지몰마다 상이하다.

카테고리를 잘 살펴보면 기존의 오픈마켓이나 종합몰, 소셜커머스와 차이가 있음을 한눈에 알 수 있다. 일반적인 쇼핑몰 카테고리는 상단에 의류, 잡화, 생활용품, 가전 등의 순서로 노출되어 있는데, 대체로 쇼핑몰의 매출 순위를 따른 것이다.

반면 선택적 복지몰은 상위 카테고리 건강과 레저 관련 용품 등 상위 2가지의 매출이 압도적으로 높은 비중을 차지하고 있다. 그 이하의 카테고리는 선택적 복지를 유연하게 운영하는 지자체나 공기업에서 직원들에게 일부 구입을 허용하는 경우 또는 제도에 얽매이지 않는 상대적으로 자율적인 민간 기업에서 직원들이 구매할 수 있는 선택의 폭을 다양하게 갖춘 경우에 주로 이용

이지웰페어 복지숍 vs G마켓 카테고리

출처: 이지웰페어, G마켓

된다.

선택적 복지 서비스를 제공하는 회사들은 대부분 이와 유사하게 운영하고 있다. 따라서 선택적 복지몰을 검토 중인 판매자는 본인이 취급하는 상품이 선택적 복지제도의 취지에 잘 맞는 상품인지 확인해보아야 한다.

판매 가격

폐쇄몰마다 다르지만 상당수는 상품의 판매 가격을 시중 온라인 쇼핑몰 최저가 수준으로 요구한다. 이 수준이 아니면 입점 자체가 안 될 수도 있고, 조건이 충족되어 입점된 후에도 지속적으로 최저가를 유지해야 한다.

그렇지 않은 경우 페널티가 부과되기도 하며 이런 경고에도 불구하고 계속해서 가격 경쟁력을 갖추지 못하거나 배송 지연, 고객 클레임이 많은 판매자는 심사를 거쳐 퇴점되기도 한다.

폐쇄몰의 특성상 가격이 외부로 노출되지 않기 때문에 마진이 좋은 상품을 취급하는 판매자의 경우 유사 상품과의 가격 경쟁에서 우위를 점하고자 판매가를 인하해 다른 쇼핑몰에서 가격을 다르게 하기도 한다.

고객 유형

연령대나 성별에 있어서 일반 쇼핑몰과 차이가 있는데, 주 고객층은 40대 전후이며 남성이 상대적으로 많은 비중을 차지한다. 이런 특징이 반영되어서인지 트렌디한 최신 상품보다는 정관장, 코오롱스포츠 같은 오랫동안 높은 인지도를 유지하고 있는 브랜드 상품의 선호도가 높은 편이다.

결제

선택적 복지몰 회사는 상품 판매 대금을 일반 쇼핑몰처럼 개인에게 받는 것이 아니라 상품을 구입한 직원이 소속된 고객사로부터 받는다.

매월 직원들의 상품 구입 내역을 확인하고 고객사와 약정한 특정 날짜에 판매 대금을 받는데, 결제까지 기간이 대체로 긴 편이다. 이러한 이유로 선택적 복지몰 회사도 판매자들에게 지급하기까지 결제 기간이 긴 경우가 많다.

일부 회사들은 일종의 전자어음인 2~3개월짜리 전자방식 외담대 결제를 하기도 한다. 따라서 입점을 검토 중인 폐쇄몰이 있다면 해당 쇼핑몰의 결제 방식을 미리 확인할 필요가 있다.

연간 매출 추이

지자체나 기업 등 고객사 대부분은 매년 1월 직원들에게 연간 복지 포인트를 일괄적으로 부여하고 당해 연도 12월까지 모두 사용하도록 한다. 1월, 7월 등 상·하반기 2회에 걸쳐 복지 포인트를 분할 지급하는 기업도 있다. 그리고 고객사마다 차이가 있지만 대체로 12월까지 사용하지 않은 복지 포인트는 이월되지 않는다. 따라서 전체 거래액을 살펴보면 연간 독특한 구매 패턴을 보인다.

고객들은 복지 포인트를 받는 매년 초에 고가의 상품을 많이 구매하는 경향이 있다. 따라서 1~2월 매출이 가장 높다. 이후 나머지 복지 포인트를 받는 7월에 매출이 일시적으로 늘어난다. 그리고 12월에 잔여 포인트를 소진하기 위해 주문이 급증하는데, 이 시기에는 주로 도서 등 객단가가 낮은 상품들의 구매 비중이 높다.

물론 5월 가정의 달이나 명절 직전에 평상시보다 주문량이 늘어나는 것은 일반 쇼핑몰과 비슷하다. 판매자는 이런 특성을 염두에 두고 가능한 연초의 매출 피크 시점을 놓치지 않도록 입점 시점이나 상품 준비 등에 신경 써야 한다.

기업 임직원 복지몰

과거 일부 기업들은 설, 추석, 근로자의날, 창립기념일에 복지나 사기 진작 차원에서 직원들에게 선물을 제공하곤 했다. 처음에는 전 직원에게 동일한 선물을 일괄적으로 지급했다.

이후 5가지 또는 10가지로 복수의 상품을 선별하고 직원들이 원하는 상품을 고를 수 있도록 했다. 물자가 부족한 과거에는 이런 방식이 통용되었지만 지금처럼 직원들의 니즈가 다양한 상황에는 적합하지 않다. 그래서 이후에 나온 방식이 직원들에게 포인트를 지급하고 원하는 상품을 구매할 수 있도록 하는 임직원몰이다.

기업마다 임직원 복지몰 또는 사이버 복지몰 등 다양하게 불리는데 운용 방식도 기업의 상황에 따라 다양하다. 특정 기념일마다 소정의 포인트를 지급하는 곳도 있으며, 연간 포인트를 한 번에 지급하는 경우도 있다. 임직원몰에 접속할 수 있는 직원 ID는 직원 사번으로 일괄 부여하기도 한다.

대체로 상품의 종류에 제약을 두지 않으며 직원들이 선호할 만한 상품 위주로 시중보다 저렴한 가격으로 준비한다. 특히 해당 기업이나 계열사에서 생산되는 상품은 파격적인 가격으로 공급되기도 한다.

대표적으로는 삼성 계열사에서 많이 이용되고 있는 '블루베리몰'이 있다. 기업마다 독자적으로 개발해서 운영하기도 하고, 일부는 전문 외주업체에서 위탁 운영을 하기도 한다.

가입형 폐쇄몰

공무원을 대상으로 한 선택적 복지몰이나 기업 임직원 복지몰은 소속 직원을 대상으로 하는 반면 개인이 자발적으로 특정 기업의 서비스를 가입 및 사용함으로써 관련 폐쇄몰을 이용하는 경우도 있다. 통신사나 카드사 등에서 제공하는 쇼핑몰이 대표적이다.

예를 들어 SK텔레콤의 '초콜릿서비스(T멤버십 전문몰)'는 해당 가입자들만 사용할 수 있는데 같은 상품이라도 회원 등급에 따라 가격이나 혜택에 차이가 있다. 카드사들도 자사 카드 이용자들을 대상으로 적립된 포인트로 원하는 상품이나 서비스를 구매할 수 있는 쇼핑몰을 운영하고 있다. 현대카드는 사업 초창기 자사 카드 이용객에게 구매 금액 대비 상당히 높은 비율로 적립금을 지급했고, 이런 이유로 해당 쇼핑몰의 거래액이 상당히 큰 규모에 이르렀다.

상품 가격 면에서 이점이 많은 경우 포인트와 신용카드 복합 결제를 통해 객단가가 큰 상품이 판매되기도 한다. 그러나 포인트 소진을 목적으로 하는 경우가 많아 객단가는 대체로 낮은 편이고, 일반 생활용품 등의 구매 비율이 높은 편이다.

많은 판매자들이 폐쇄몰 입점이 어렵다고 하소연한다. 다른 쇼핑몰에 비해 정보공개가 상대적으로 잘되어 있지 않기 때문이다. 하지만 무조건 어렵게만 생각하지 말고 관심을 갖고 한 곳씩 개척해나가겠다는 마음가짐이 중요하다.

어느 쇼핑몰에 입점 신청을 하든 MD는 브랜드 인지도나 품질, 가격 경쟁력을 우선적으로 보는 것이 일반적이다. 선택적 복지몰 입점을 고려한다면, 무엇보다 선택적 복지제도에 대해 제대로 이해할 필요가 있다. 앞에서도 언급했듯이 선택적 복지몰은 직원들의 건강, 여가, 레저, 문화, 교육 등 복지 증진을 목적으로 하므로 이와 관련성이 높은 상품이 입점에 유리하며 실제로 판매도 잘 된다.

예를 들어 같은 의류라고 하더라도 등산복은 복지 항목에 해당되지만 양복은 해당되지 않는다. 식품의 경우 홍삼류의 건강기능식품은 해당되지만 커피류는 해당되지 않는다. 안경은 복지 항목이지만 패션 선글라스는 해당되지 않는다. 여행용 가방이나 등산가방은 대표적인 복지 항목 상품이지만 여성용 명품 핸드백은 해당되지 않는다.

또한 가격 경쟁력을 충분히 갖추었는지도 점검해보아야 한다. 폐쇄몰은 구성원들에게 외부 쇼핑몰보다 저렴한 가격에 상품을 구입할 수 있는 혜택을 제공하고자 한다. 따라서 판매자는 이러한 조건을 충족할 수 있는지 검토해보고 가격 정책을 수립할 필요가 있다.

대부분의 선택적 복지몰은 홈페이지에 입점 신청 코너를 두고 있는데, 대체로 전화번호보다 이메일로 신청을 받고 있다. 입점 시전을 할 때는 정해진 양식에 맞춰 상품의 특징과 가격 등 경쟁력 있는 항몰을 잘 어필해서 제안할 필요가 있다. 상대적으로 정보공개가 더 제한적인 기업 임직원몰의 경우 우선 기존에 입점되어 있는 벤더사를 통해 상품을 공급하는 것도 하나의 방법이다.

이후 다양한 폐쇄몰의 특징에 대한 이해를 넓혀가면서 온라인 검색이나 유통 종사자들과의 교류를 통해 판로를 점진적으로 확대해나가는 것이 좋다.

홈쇼핑 진출하기

☑ 홈쇼핑 입점 체크포인트

특징	Key point
• 하이 리스크 하이 리턴 구조이다. • 초기 선투자 비용이 많이 든다. • 빠른 브랜드 강화 및 온 · 오프라인 파급 효과가 크다.	• 방송에 적합한 아이템 선정 • 방송 진행 역량 및 사업 노하우 • 철저한 예산 계획 및 사업성 분석

사람들은 홈쇼핑에 진출하면 곧 '대박'이라고 생각한다. 단시간에 몇억 원의 매출을 올릴 수 있기 때문이다. 그러나 홈쇼핑은 대표적인 하이 리스크 하이 리턴 비즈니스 채널이다.

무명 중소기업이 하나의 아이템으로 단번에 대박을 터뜨리는 경우도 있지만 철저하게 준비하지 않으면 성공보다 실패할 확률이 높다. 또한 초기 자본이 많이 필요하므로 신중하게 판단해야 한다. 방송에 잘 맞는 아이템인지 면밀히 검토하는 것은 물론 방송에 소요되는 각종 비용도 세부적으로 모두 체크해보고 어느 정도 매출을 올려야 BEP(손익분기점) 달성이 가능한지도 따져봐야 한

홈쇼핑 서비스 제공사

GS, CJ, 롯데, 현대, NS, 홈앤쇼핑, 공영홈쇼핑

다. 물론 홈쇼핑 방송 채널의 파급력이 크므로 손실이 나지 않는 한해서 브랜드 홍보 효과 또는 오프라인이나 온라인 채널에서의 판매 촉진 효과를 노리는 경우도 있다. 그렇지 않다면 목표 수익을 달성하기 위해 꼼꼼한 준비가 필요하다.

홈쇼핑 업무 프로세스

홈쇼핑 업무 프로세스는 일반적으로 다음과 같은데 온라인 쇼핑몰과 일부 차이점이 있다.

상품 제안 → MD 미팅 → 팀 평가 → 상품선정위원회 평가 → QC/심의 → 론칭 결정 → 편성 → 방송 → 결과 분석

온라인 판매는 가상의 공간에 제한 없이 상품을 등록하고 판매할 수 있는 반면, 홈쇼핑은 제한된 시간 내에 상품을 소개하고 판매해야 하므로 상대적으로 입점 경쟁이 치열하다. 개별 아이템은

약 1시간 전후 동안 독점적으로 판매되므로 하루에 판매되는 상품의 종류가 한정적이다. 따라서 상품 선정에 매우 신중하고 까다로울 수밖에 없다.

홈쇼핑 회사 내 고위직을 통해 톱다운 방식으로 추진되는 경우도 왕왕 있으나 무리하게 진행하다 보면 역효과가 날 수도 있음을 명심해야 한다. 오히려 MD의 사기 저하로 이어질 수 있으므로 사업성에 기반한 MD의 철저한 분석을 통해 진행되어야 할 것이다.

MD 미팅에서 긍정적인 평가를 얻었다면 해당 팀 자체 평가가 이어지며 상품선정위원회를 통해 최종적으로 결정된다. 이후 자체 QC 및 심의 절차를 통과하면 방송 론칭이 결정되고, 타깃을 고려해 편성 일정이 확정된다.

방송이 끝난 후에는 MD, PD, 쇼호스트, 방송 참여 회사 담당자들이 모여 매출액, 시간대별 콜 상황 등 방송 결과에 대해 분석하고, 방송 과정에서 나타난 이슈 사항이나 개선 사항 등에 대해 논의한다. 그리고 방송 결과에 따라 재편성 여부가 결정된다.

홈쇼핑에 관여하는 사람들

방송이 이루어지기까지 여러 담당자들이 참여하게 되며, 각자의 역할이 유기적으로 연계되어 진행된다. 홈쇼핑 진행에 참여하는 사람과 각자의 역할에 대해 알아보자.

MD

홈쇼핑에 적합한 상품을 소싱하고 판매가 책정 및 사은품을 포함한 상품의 구성 등 전반적인 상품 기획 업무를 총괄한다. 따라서 MD의 능력에 따라 매출이 크게 좌우된다. 단순히 방송에 적합한 상품을 발굴하는 데 그치지 않고 전체 스케줄 관리부터 방송이 진행되기까지 PD, 쇼호스트, 방송 참여 회사를 아우르며 핵심적으로 커뮤니케이션을 주도한다.

PD

홈쇼핑은 심야 시간을 제외하고는 생방송으로 이루어지는데 방송 현장에는 카메라, 조명, 영상 등을 담당하는 많은 스태프들이 함께한다. PD는 이들을 전체적으로 진두지휘하고 방송 중에는 쇼호스트와 주문 상황을 실시간으로 공유하며 최대한 매출을 이끌어낼 수 있도록 다양한 방법으로 대응해나간다.

쇼호스트

소비자에게 상품을 설명하고 장점을 부각시켜서 고객들이 구매를 결정하도록 이끄는 진행자이다. 따라서 쇼호스트는 사전에 해당 상품을 사용해보고 소비자들이 궁금해할 만한 부분이나 어필할 만한 특징들을 잘 파악해야 한다. 고객을 설득하기 위해 감탄, 비유 등 다양한 기법을 이용하기도 한다. 때로는 상품에 대해 과장해서 말하기도 하는데 근거를 바탕으로 적절한 수준의 표현이 이루어져야 한다. 간혹 방송 중 표현 수위가 높을 경우 방송통신심의위원회로부터 사후 제재를 받을 수 있으므로 방송 중간에도 PD로부터 수위를 자제하라는 사인을 받기도 한다.

모델/게스트

방송을 위해 해당 상품의 모델을 기용하는 경우가 있다. 모델은 상품 포장지에 인쇄되는 광고에만 등장하는 경우도 있지만 사전에 촬영된 인서트 영상에서 상품을 시연하거나 광고하는 경우도 있다. 모델이 생방송에 게스트로 직접 출연해 상품 판매에 관여하거나 때로는 상품에 잘 맞는 게스트만 섭외해서 쇼호스트와 함께 상품 판매를 하기도 한다.

계약 조건은 인지도나 영향력에 따라 다양하다. 모델은 일정 계약 기간 동안 모델비를 책정하는 것이 일반적이지만 게스트는 회당 출연료를 지급하거나 판매분에 대해 일정 수수료를 지급한다.

홈쇼핑 방송에 필요한 준비 자금

홈쇼핑 진행에 자금이 많이 든다고 하는데 과연 어떤 부분에서 얼마나 필요할까?

재고

리드타임(제조 시작부터 완성까지의 기간)이 짧은 경우 1회 방송 분량만 필요하지만 리드타임이 길거나 수입 상품의 경우 2~3회 분량을 준비해야 한다. 회당 매출액이 적게는 1~2억 원에서 10억 원에 이르기 때문에 기본 수억 원에 달하는 재고가 필요하다.

인서트 영상

쇼호스트가 상품을 소개하는 중간 중간에 방송 중 시연이 어렵거나 3D로 표현해야 하는 부분에 대해서는 영상으로 표현한다. 보통 2~3천만 원 내외이며, 상품의 종류와 표현하고자 하는 방법에 따라 금액 차이가 있다.

임상시험

임상시험을 통해 효과가 입증된 상품은 판매 촉진을 기대할 수 있다. 예를 들어 기능성 화장품은 효과를 충분히 입증할 필요가 있다. 허가된 전문 임상기관이나 병원 등을 통해 받게 되며 보통한 기능당 실험 비용이 수백만 원 정도이다. 따라서 두세 개에서 10여 개까지 받을 경우 1~2천만 원에서 수천만 원까지 소요되기도 한다.

각종 시험 비용

상품의 안전성이나 기능성 여부를 알리기 위해서 유관 기관의 시험성적서가 필요하다. 성분 분석, 독성 여부 분석, 상품에서 표현하는 기능이 실제로 구현되는지를 시험한다. 특별한 경우가 아니면 시험당 수만 원에서 수십만 원까지 다양하다.

기타 계약 과정에 필요한 보증보험, 제품 하자에 따른 피해 보상에 필요한 PL보험(제조물배상책임보험) 가입을 위한 비용 등이 추가된다.

홈쇼핑 계약 조건의 유형

계약 방식은 크게 수수료 조건이나 정액제(특약) 조건으로 나뉜다. 수수료 조건은 매출액에 대해 일정 수수료(보통 매출액의 30~40 퍼센트 전후)를 지급하는 방식이며, 정액제 조건은 방송 시간대에 해당하는 고정비를 지불하는 방식이다. 정액제 조건의 경우 평일·주말 여부 및 시간대에 따라 편차가 심한데 보통 최하 5천만 원에서 수억 원에 이른다. 정액제 조건이더라도 배송비, CS 비용, 결제 수수료 등의 명목으로 매출액의 10퍼센트 전후의 수수료를 추가로 지급해야 한다.

수수료 조건과 정액제 조건의 중간 선으로 반정액제 조건이 활용되기도 한다. 이것은 수수료를 줄이는 대신 정액제보다는 낮은 고정비를 지불하는 방식이다. 여행과 같은 무형의 상품이나 렌털 상품은 콜당 일정액의 수수료를 책정하는 방식으로 계약되기도 한다.

홈쇼핑이 처음이라면 벤더사를 고려

홈쇼핑 입점 회사는 분야별 인력을 구축하고 모든 업무를 직접 처리하거나, 전문 벤더사를 통해 진행한다. 홈쇼핑을 처음 진행하는 회사는 역량 있는 전문 벤더사를 이용하는 것이 시행착오를 줄이고 방송 효과 측면에서도 유리하다.

벤더사는 크게 두 가지 유형으로 나뉜다. 홈쇼핑 입점부터 전반적인 업무를 대행하는 단순 운영 벤더와 홈쇼핑 회사와 직접 계약하고 방송 운영에 대한 모든 권한을 갖는 총괄 운영 벤더가 있다. 벤더 수수료는 벤더의 역할 범위에 따라 다른데 일반적으로 매출액의 2~10퍼센트이다.

홈쇼핑을 준비하는 과정에서 몇 차례 전략 회의를 진행한다. MD, PD, 게스트, 쇼호스트, 벤더사, 입점 회사 관계자들이 모두 참석해서 성공적인 방송을 위한 모든 내용을 토론하고 주요 사안을 협의하는 것이다. 보통 MD가 회의 스케줄부터 전반적으로 주관하는데 이때 벤더사나 입점 회사는 상품의 소구 포인트에 대해 여러 가지 아이디어와 제안을 적극적으로 개진해야 한다. 이러한 전략 회의는 추후에 방송이 편성될 경우에도 지난 방송을 리뷰하고 새로운 전략을 도출하기 위해 매번 진행한다.

홈쇼핑 채널 선택 시 고려사항

홈쇼핑 회사마다 매출 규모가 다르고 판매가 잘되는 상품 카테고리에 차이가 있다. 따라서 어느 회사를 선택하는 것이 자신에게 유리할지 파악해보고 우선순위를 정해서 순차적으로 제안하는 것이 좋다.

국내 제조 또는 생산된 상품은 국가에서 정책적으로 설립한 공영홈쇼핑(아임쇼핑)을 적극 검토해볼 필요가 있다. 국내 중소 제조업 및 농수산 및 축산업의 유통 진작을 위해 설립되었기 때문에 입점하기가 유리하며 인서트 영상비 지원 또는 경우에 따라 파격적인 수수료 조건이 제시되기도 한다.

홈앤쇼핑은 판매 촉진 방법으로 모바일로 구매 시 10퍼센트 할인+10퍼센트 적립 조건을 내걸고 있다. 고객 혜택이 상당하기 때문에 구매 촉진에 큰 도움이 될 수 있다. 하지만 타 방송에서 판매 시 기저 효과로 메리트가 떨어질 수밖에 없기 때문에 전략적으로 다른 홈쇼핑에서 먼저 판매하고 후순위로 선택하기도 한다. 기타 홈쇼핑 회사들의 특징이나 마케팅 동향을 잘 파악해서 최적의 채널을 선택해야 한다.

홈쇼핑 방송을 최종적으로 종료할 경우 일반적으로 상당한 재고가 남게 된다. 특히 리드타임이 긴 경우에는 미리 몇 회분의 방송 물량을 확보해놓아야 하기에 재고 부담은 더 심각할 수밖에 없다. 남은 재고 처리 방안에 대해서도 충분히 대비해두어야 한다.

백화점이나 할인 마트 등 오프라인 판매 채널을 병행한다면 부담을 덜 수 있다. 그렇지 않은 경우라면 재고 수준을 감안해서 기존 확보된 인서트 영상 자료를 활용해 데이터홈쇼핑을 통한 판매를 일차적으로 고려해볼 만하다. 또는 온라인 쇼핑몰에서 빠른 재고 소진을 위해 가격 할인이나 사은품 제공 등을 고려해보는 것도 좋다.

TV로 쇼핑하는 데이터홈쇼핑

☑ 데이터홈쇼핑 체크포인트

특징	Key point
• 홈쇼핑 대비 진입 장벽이 낮다. • 녹화방송의 특성상 히트 상품의 경우 많은 편성이 가능하다. • 홈쇼핑 사전 테스트나 재고 처분의 기회가 될 수 있다.	• 홈쇼핑과 전략적 사업 연계 고려 • 기술 및 정책 변화에 대한 발 빠른 대응 필요

이제는 TV 드라마를 보다가 여주인공이 들고 있는 핸드백을 TV로 바로 검색해서 주문할 수 있는 시대이다.

TV는 시청자들과 양방향으로 소통하는 방식으로 스마트하게 진화하고 있는데, 그중 생활밀착형 서비스인 쇼핑에 적용된 것이 데이터홈쇼핑이다. 데이터홈쇼핑을 T커머스(T-Commerce)라고도 하는데 TV와 상거래(commerce)의 결합을 의미한다. 기존의 홈쇼핑이 푸시(push) 방식의 단방향 서비스라면 데이터홈쇼핑은 양방향 홈쇼핑 서비스이다. 기존의 홈쇼핑은 시청자가 수동적으로

TV를 시청하다가 원하는 상품이 보이면 상품을 구매하는 방식인 반면 데이터홈쇼핑은 고객이 원하는 시간에 언제든지 리모컨으로 상품을 검색하고 결제까지 할 수 있는 진화된 홈쇼핑이다.

지상파 홈쇼핑과 데이터홈쇼핑의 차이

구분	지상파홈쇼핑	데이터홈쇼핑
방송 형태	생방송(심야 시간에는 녹화방송)	녹화방송(예, 15분 영상 4회 방송)
방송 표현	영상	영상, 이미지, 문자 등
영상 사이즈	화면 FULL	화면의 1/2 이내
주문 및 결제	전화 주문	전화 주문, 리모컨 조작을 통한 모바일 결제로 전환
서비스 제공 방식	단방향 방송	양방향, 리모컨을 이용한 VOD 등

데이터홈쇼핑은 서비스 제공 방식에 따라 연동형과 독립형으로 나뉜다. 연동형은 TV 드라마를 보다가 방송 중에 나오는 소품을 구매할 수 있는 방식이다. 예를 들어 주인공이 들고 있는 가방이나 입고 있는 옷 등을 바로 구입할 수 있다. 독립형은 쇼핑 전용 채널에서 편성된 프로그램을 보거나 검색 등을 통해 VOD 방식으로 구매하는 것이다.

데이터홈쇼핑은 IPTV(인터넷 TV) 보급률이 높아짐에 따라 급성장하고 있는데, 2016년을 기점으로 IPTV의 매출액이 케이블 TV(종합유선방송)를 넘어섰다. 이동통신 3사의 공격적인 마케팅뿐만 아니라 고객의 니즈도 빠르게 변화하고 있기 때문이다. 이렇

데이터홈쇼핑 성장세

단위: 원

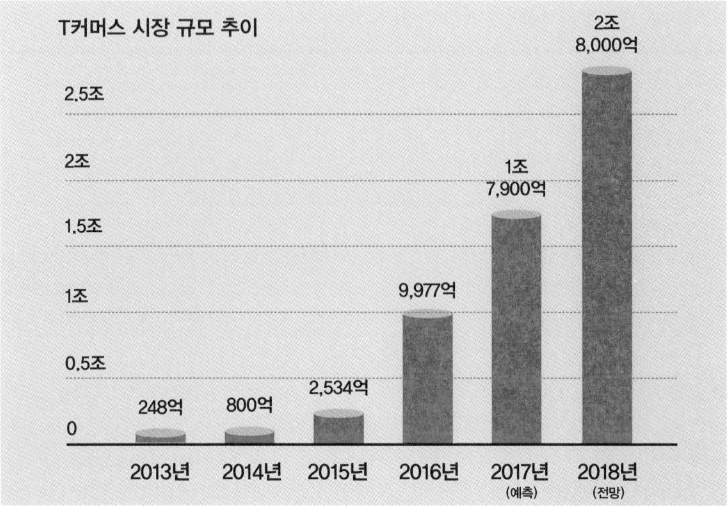

자료: 한국T커머스협회

듯 IPTV의 저변 확대에 발맞춰 데이터홈쇼핑의 거래액이 가파른 성장세를 이어가고 있는데, 한국T커머스협회에 따르면 2018년 2조 8천억 원을 예상하고 있다고 한다. 지상파 홈쇼핑의 경우 후발주자로 홈앤쇼핑과 공영홈쇼핑 등이 가세했는데도 매출이 정체 상태인 것과 비교된다.

2012년 KTH에서 운영하는 K쇼핑이 처음 오픈한 이래 현재는 총 10개의 데이터홈쇼핑 회사가 각축을 벌이고 있다. 이들 중 5곳은 기존의 지상파 홈쇼핑 회사에서 운영 중이며, 나머지는 데이터홈쇼핑만 독립적으로 운영하고 있다.

K쇼핑과 신세계쇼핑이 거래액 규모에서 선두를 차지하고 있

데이터홈쇼핑 서비스 제공사

으며, 데이터홈쇼핑 회사 간의 매출 경쟁도 치열하다. 단기간에 매출을 끌어올리기 위해 각 회사들은 TV 채널 확대 및 10번 이하의 한 자릿수 채널 확보를 위해 과감하게 투자하는 등 안간힘을 쓰고 있다.

데이터홈쇼핑의 등장과 빠른 성장은 판매 채널의 확대라는 측면에서 좋은 사업 기회가 되고 있다. 지상파 홈쇼핑과 비교했을 때 데이터홈쇼핑의 특징을 정리해보면 다음과 같다.

TIP 데이터홈쇼핑의 특징

① 입점이 상대적으로 용이하다.

지상파 홈쇼핑 대비 상대적으로 많은 데이터홈쇼핑 회사들이 경쟁 중이므로 판매자 입장에서는 입점 기회 또는 선택의 폭이

넓다고 할 수 있다.

② 재고 부담이 적다.

아직은 지상파 홈쇼핑에 비해 시간당 매출액이 큰 격차를 보이는데, 이는 오히려 판매자에게 상대적으로 적은 재고로도 방송을 할 수 있다는 장점으로 작용한다. 실제로 지상파 홈쇼핑을 통한 판매를 주저하는 가장 큰 이유 중 하나가 판매 부진 시의 재고 처분 때문이다.

③ 제반 비용이 적게 든다.

지상파 홈쇼핑은 매회 고액의 게스트가 모델로 참여하기도 한다. 반면 데이터홈쇼핑의 경우 전문 쇼호스트가 방송 판매를 주도하는 편이며 모델을 기용하더라도 한 번 촬영한 영상을 재방으로 내보내기 때문에 게스트 관련 부담이 없거나 적은 편이다. 또한 후발 데이터홈쇼핑은 인서트 영상에 큰 비용을 들이지 않아도 웬만한 수준이면 무방하다.

④ 지상파 홈쇼핑을 목표로 사전 테스트 차원에서 활용해볼 수 있다.

재고나 비용 측면에서 부담이 덜하므로 고객 반응을 보기 위한 차원에서 시도하기도 한다. 또한 지상파 홈쇼핑 MD 중 일부는 리스크 회피를 위해 데이터홈쇼핑 등 타 채널에서 판매 실적이 좋은 검증된 상품을 선호한다.

⑤ 지상파 홈쇼핑과 달리 지정 물류센터에 입고하지 않아도 되므로 운송비 등 물류 부담이 적다.

상품 전달 및 회수 등에 따른 수고나 비용이 적다.

⑥ 판매 수수료가 상대적으로 낮다.

자체 배송에 따른 물류비 등 비용이 추가되는 점을 감안하더라도 아직은 지상파 홈쇼핑에 비해 수수료가 낮은 수준이다.

위와 같이 살펴보았는데, 아직까지 데이터홈쇼핑이 지상파 홈쇼핑 대비 시간당 매출액이 적기 때문에 여러 부분에 있어서 상대적으로 비용 부담이 덜하지만 앞으로 매출이 증가함에 따라 가

변적일 수 있다.

홈쇼핑 관련 정책의 변화, TV 단말기와 통신 인프라 등 기술의 진보, 그에 따른 소비자의 패턴 변화 등 다양한 변수가 있지만 데이터홈쇼핑의 고성장 추세는 당분간 이어질 것으로 보인다.

특히 휴대폰을 통한 홈쇼핑 이용 고객이 증가 추세인데, 모바일 기기는 영상 전달 매체로서 적합하므로 T커머스와 연계되면 시너지 효과를 더 클 것으로 예상된다.

아직은 독립형 홈쇼핑이 대세이지만 향후 드라마, 영화, 예능 프로그램 등을 통한 연동형 홈쇼핑도 더욱 활성화될 것으로 기대된다.

나에게 맞는 쇼핑몰 선택하기

> '쇼핑몰은 직접 만드는 게 나을까? 스마트스토어 같은 곳에 입점하는 게 나을까?'
> '한 곳에 집중하는 것이 좋을까? 이왕이면 여러 곳에 입점하는 것이 좋을까?'
> '가격은 어떻게 정해야 할까?'

온라인 쇼핑 사업을 준비하면서 가장 고민되는 것 중 하나가 여러 종류의 쇼핑 채널 중 어떤 곳을 선택하는가 하는 점이다. 앞서 소개한 여러 가지 쇼핑 채널의 특징을 꼼꼼히 살펴보고 나에게 맞는 채널을 전략적으로 선택해야 한다. 이때 꼭 고려해야 할 사항은 다음과 같다.

- 취급하는 상품의 가격이 저가인가 혹은 고가인가?
- 상품의 인지도가 높은 브랜드인가, 앞으로 브랜드화가 필요한가, 브랜드와 상관없이 가성비로 승부할 것인가?

- 마진 구조가 좋아 높은 수수료를 감당할 수 있는가, 아니면 박리다매 전략을 취할 것인가?
- 재고 확보 계획은 어떠한가, 악성 재고 때문에 고민하는 상황은 아닌가?
- 정가를 유지할 것인가, 아니면 탄력적으로 운영 가능한가?
- 온라인 쇼핑 사업을 처음 시작하는가, 아니면 상당한 노하우와 역량을 갖춘 상태인가?
- 소자본으로 시작 단계인가, 아니면 충분한 자금을 바탕으로 과감한 투자가 가능한가?

이런 사항을 염두에 두고 쇼핑몰을 선택해보자.

- 오프라인 백화점과 면세점에 입점되어 있는 상황이라면 정가를 유지할 필요가 있다. 또한 브랜드 강화가 필요하고 높은 브랜드 수준을 유지해야 한다. 마진 구조가 좋아 높은 수수료를 감당하는 데 무리가 없다.

→ 종합몰을 우선적으로 고려해야 한다. 한시적 할인이 가능하고 자금력이 뒷받침된다면 홈쇼핑이나 데이터홈쇼핑 등을 추천한다.

- 비교적 판매가가 저렴한 저관여 상품을 취급하며, 과도한 재

고로 인하여 박리다매 방식을 통해서라도 빠른 회전이 필요하다. 브랜드나 가격 정책에 큰 제약이 없다.

→ 소셜커머스, 오픈마켓 딜 방식을 통한 프로모션 진행을 추천한다.

• 브랜드 인지도는 높지만 가격 정책으로 인해 공개적인 가격 할인은 어렵다. 하지만 가격이 노출되지 않는다면 높은 할인율 적용이 가능하다.

→ 선택적 복지몰 등 폐쇄몰을 추천한다.

• 쇼핑몰 운영 노하우가 쌓여 있고 관련 분야의 인력을 확보하고 있으며, 자체 마케팅 및 디자인 역량이 충분하다.

→ 스마트스토어나 자체 직영몰을 효율적으로 운영할 것을 추천한다.

판매자에 따라 오픈마켓 또는 폐쇄몰 등 특정 채널 한 곳만을 선택해서 집중하거나 자신에게 잘 맞는 두세 개 채널을 병행하기도 한다. 또는 거의 전 채널에 걸쳐 수십 곳의 쇼핑몰에 입점해서 판매하는 경우도 있다.

매출을 확대할 기회가 충분히 있는데도 판매 채널을 넓히려는 시도를 하지 않는 것도 문제지만, 여건이 맞지 않은 상태에서 무

최적의 쇼핑몰 선택 방법은?

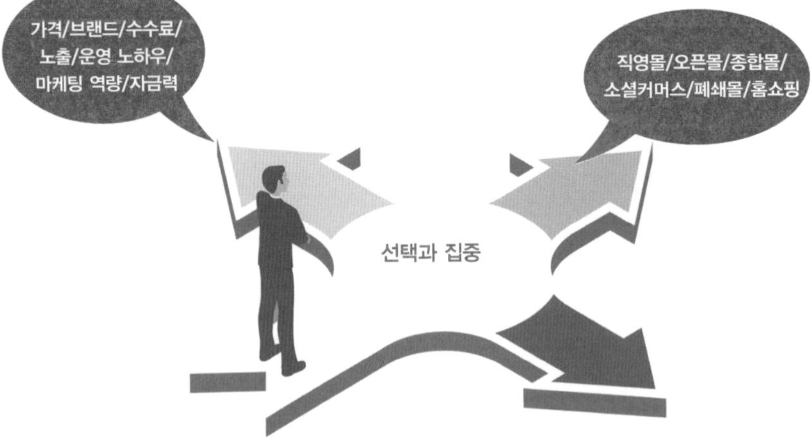

리하게 쇼핑몰 입점을 확대하다가는 관리가 되지 않아 오히려 효율이 떨어질 수 있다.

얼마나 많이 또는 어떤 쇼핑몰에 입점할지는 개개인이 처한 상황에 따라 선택하는 것이 좋다. 사업 초기 시작 단계에서는 오픈마켓처럼 운영하기 쉬운 쇼핑몰 몇 군데부터 시작해서 판매자의 상황에 맞게 단계적으로 채널 확대를 검토해보는 것이 좋다.

여러 쇼핑 채널을 운영할 경우 채널별 가격 정책이나 프로모션 방법도 중요한 사안이다.

예를 들어 종합몰과 오픈마켓 두 채널에서 정가 10만 원짜리 시계를 동일한 가격으로 판매할 경우 별다른 프로모션을 진행하지 않는다면 일반적으로 높은 비율의 할인 쿠폰을 발행하는 종합몰에서 판매량이 더 많을 것이다.

종합몰에는 정가 10만 원을 정해놓고 오픈마켓에서는 8만 원에 등록해서 전략적으로 오픈마켓을 통한 판매에 집중하는 경우도 있다.

종합몰 6~7곳만 입점해서 판매하는 경우라면 각 쇼핑몰에 순차적으로 돌아가면서 가격 할인이나 사은품 지급 등의 프로모션을 진행하는 것도 좋은 방법이다. MD들은 해당 쇼핑몰만의 차별화된 프로모션을 원하기 때문이다. 동일한 프로모션이 여러 쇼핑몰에서 동시다발적으로 진행된다면 누구도 적극적으로 광고하지 않을 것이다.

입점 쇼핑몰이 많은 경우라면 도움이 될 만한 통합 솔루션을 활용하는 것이 유리하다. 예를 들어 사방넷, 샵링커, 플레이오토 등이 있다. 입점 쇼핑몰과 통합 솔루션을 연동해두면 통합 솔루션 한 곳을 통해 주문 수집이나 운송장 등록 등을 일괄적으로 처리할 수 있다. 통합 솔루션마다 차이는 있지만 고객 문의 사항이나 클레임 등까지 모두 수집되기도 한다.

통합 솔루션 사용 비용은 입점 쇼핑몰의 수, 등록 상품의 수, 주문 건수 등에 따라 다른데 대략 월 10만 원 전후이다.

고객 클레임 대처하기

이지웰페어에서 사업본부장으로 일할 때였다. CS팀에서 까다로운 클레임이 발생해 곤란한 상황이라며 관련 미팅을 제안했다. 클레임의 내용은 한 고객이 두유 1박스를 주문해서 받았는데 그중 1병이 파손되었다는 것이다. 이런 경우 교환이나 환불을 해주는 것이 일반적인데 이 고객은 주문 금액의 30배를 보상하라고 요구했다.

고객은 철도 관련 공기업 직원이었는데 자신의 요구가 무리한 것이 아니라며 비교 근거로 지하철 무임승차를 예로 들며 거칠게 항의했다. 무임승차 적발 시 철도사업법의 법적 처벌 조항으로 30배의 부가 운임을 징수할 수 있으니 이번 건에도 같은 비율로 적용해야 한다는 것이었다.

정말 어처구니없는 주장이었지만 그 고객이 속한 공기업은 꽤 큰 고객사였고, 소속 직원들의 만족도가 계약 연장 조건에 영향을 줄 수 있기에 담당 CS팀장 입장에서는 무시하고 넘어갈 수만은 없었다. 결국 사업본부장인

나까지 불러 미팅을 한 뒤 어렵게 설득해서 겨우 무마했다.

대형 쇼핑몰의 경우 하루에도 엄청나게 많은 고객 클레임을 처리하고 있으며 그 내용도 가지각색이다. 의류나 액세서리를 몇 번 착용하고 트집을 잡아 반품하는 것은 놀랍지도 않다. 배송 지연이나 상품 불량 등은 관련 약관에 따라 보상을 받으면 되는데, 그로 인한 정신적 피해까지 보상하라고 무리한 요구를 하는 경우도 많다.

쇼핑몰을 운영하는 기업들은 이런 상황에 대비해서 갖가지 대응 매뉴얼을 준비해놓고 있지만, 막무가내 진상 고객은 적절히 타협하고 보상하는 경우도 있다.

금전적 보상이야 어떻게든 처리하면 된다. 부당한 요구를 울며 겨자 먹기로 수용하기도 하고 적절한 수준에서 타협할 수도 있다. 그러나 이때 가장 안타까운 것은 일선에서 고객의 요구 사항을 듣고 회사의 입장을 전달하며 감정노동을 해야 하는 CS 직원들이다. 이들은 차마 입에 담기도 힘든 무례한 언행을 상대하며 정신적, 심적 고통을 호소한다.

쇼핑몰을 운영할 때 무조건적인 고객 우선주의보다는 합리적이고 원칙적인 기준을 통해 직원을 보호해야 할 것이다.

4장 »

실전,
온라인 쇼핑 사업
시작하기

히트 상품 소싱하는 법

> 신석기 시대에 빗살무늬토기는 최고의 히트 상품이었다. 농사를 짓기 시작한 신석기인들은 곡식을 보관할 용기뿐만 아니라 음식을 담아 먹을 그릇이 필요했다. 그릇의 발명은 식생활에도 변화를 주었는데, 직접 불에 구워 먹던 것을 토기를 사용하여 끓여 먹을 수 있게 된 것이다. 빗살무늬토기는 그들에게 이 모든 것을 해결해주는 그야말로 히트 상품이었을 것이다.

시대별로 히트 상품은 꾸준히 등장했는데, 히트 상품이 되기 위해서는 어떤 조건을 갖추어야 할까. 히트 상품의 비결은 다양하지만 대체로 다음 조건을 갖추어야 견고한 성장을 유지할 수 있다.

TIP 히트 상품의 조건

① 가성비가 좋아야 한다.

저렴하면서도 품질과 기능이 우수해야 한다. 특히 불황에는 가성비를 중요시하는 구매 패턴을 보인다.

② 소비자 인지도가 높아야 한다.

높은 인지도는 초기 시장 진입에 유리하게 작용하며 고객에게 기대하는 수준의 가치를 제공할 수 있다는 믿음을 준다.

③ 신기술을 접목한 신개념의 상품이어야 한다.

기존 상품과 차별화된 요소가 있어야 하며, 그 특징을 설득력 있게 어필해야 한다.

④ 특허에 의해 보호될 수 있어야 한다.

일시적인 유행 상품이 아닌 롱텀 아이템이 되기 위한 필수 조건이다. 카피 상품의 출현을 막기 위해 특허 등 보호 장치가 준비되어 있는지 점검해보아야 한다.

⑤ 독점 판매권이 보장되어야 한다.

국내 또는 온라인 판권을 갖고 독점적으로 판매할 수 있어야 한다. 일정 기간 안정적으로 판매할 수 있는 권리가 있어야 의욕을 갖고 기꺼이 마케팅 비용을 지불할 수 있다. 아무리 좋은 상품이라도 다른 판매자와 가격 경쟁을 한다면 사업성이 떨어질 수밖에 없다.

⑥ 상품 공급이 원활해야 한다.

리드타임 등을 사전에 체크해서 상품 수급이 원활하도록 해야 한다. 중간에 상품 공급이 중단되는 일이 없어야 한다.

⑦ 적당한 마진 확보가 가능해야 한다.

광고, 마케팅 등에 소요되는 영업비 및 고정비까지 고려해서 사업성을 판단해야 한다.

⑧ 고객 클레임이 적어야 한다.

반품 비율이 높으면 판매 후 손실이 커질 수밖에 없다. 소위 앞으로 남고 뒤로 밑지는 일이 없어야 한다.

⑨ AS가 용이해야 한다.

AS가 어려우면 상품을 무조건 교환해주어야 할 수도 있다. 특히 AS가 어려운 수입 상품의 경우 불량품 발생 비율을 예측하고 여분의 상품을 추가로 받는 것까지 고려해야 한다.

히트 상품을 만드는 비하인드 스토리

시장에 첫선을 보이자마자 단번에 고객의 시선을 사로잡아 히트 상품의 반열에 오르기도 하지만, 오히려 초기에는 주목을 받지 못하다가 나중에 히트 상품이 되는 경우도 많다.

초기에는 히트 상품이었지만 잘못된 마케팅으로 빠른 시간 내에 시장에서 소멸하는 경우도 있고, 반대로 초기 실적은 미미했지만 최적화된 마케팅 역량이 뒷받침되어 대박 아이템으로 등극하는 경우도 있다. 또한 연관성 있는 기존 상품들을 둘 이상 패키지로 결합해서 성공하는 경우도 있고, 소비자의 눈높이에 맞지 않던 가격을 할인해서 히트 상품으로 변모하는 경우도 있다. 파격적인 할인가에 애국심 마케팅을 연계하여 큰 반향을 일으킨 상품들도 있다.

결국 가장 중요한 포인트는 어떻게 상품화하느냐이다.

갑자기 인기가 사라지는 경우

어렵게 발굴했거나 개발한 히트 상품의 판매가 안타깝게도 오래 지속되지 못하는 경우도 있다. 가장 흔한 원인이 카피 상품의 출현이다. 갈수록 상품 공정 과정이 짧아지면서 카피 상품 개발이 쉬워지고 있다.

나 또한 사업 초기에 카피 상품으로 곤란을 겪은 적이 있다. 승마 운동기구를 판매할 때였다. 신기능을 추가하여 디자인 개발까지 한 상태에서 중국 회사와 OEM 제조 계약을 맺고 상품을 수입하기로 했다. 상당한 금액을 투자해 현지에서 여러 벌의 금형까지 만들어 생산 공장에 공급했다. 처음에는 안정적으로 상품을 공급받아 홈쇼핑 및 온라인 판매를 했는데, 어느 순간 카피 상품이 국내에 돌고 있었다. 로고만 다를 뿐 완전히 똑같은 상품이었다.

중국에 있는 생산 공장에 직접 가서 확인해보니 내가 제작한 금형으로 만든 카피 상품을 로고만 바꿔 유럽 등 각국으로 수출하고 있었다. 심지어 국내 유통회사까지 상품을 공급하다가 적발된 것이었다.

카피 상품으로 인한 경우가 아니라도 소비자 고발 프로그램이나 뉴스 등을 통해 큰 타격을 받고 회사가 존립 위기에 처하기도 한다.

저급한 품질 문제로 인한 것은 응당 그 대가를 치러야 하겠지만 제대로 확인하지 않고 무리한 취재를 통해 선의의 피해자가 생기는 경우도 종종 있다. 오랫동안 쌓아온 명성이 하루아침에 실추되는가 하면 수많은 대형 프랜차이즈 가맹점들이 영문도 모른 채 고통을 겪기도 한다.

이외에도 특허 등을 이유로 경쟁사와 소송을 벌일 경우 상당기간 판매가 중단되기도 하는데, 문제를 해결하는 동안 이미 히트 상품의 열기가 급속히 식어버린다.

히트 상품 발굴하기

히트 상품을 발굴하는 데는 많은 노력이 필요하다. 무턱대고 소싱한 상품이 재고로 쌓여 회사의 큰 짐이 된다면 이보다 더 괴

로운 일이 없을 것이다. 오랫동안 유통 관련 업무를 해온 사람들이라면 쌓인 재고를 보며 답답함을 느낀 경험이 있을 것이다.

시장에서 잘 팔린다는 상품을 맹목적으로 쫓아서는 안 된다. 상품 소싱은 가능한 자신이 잘 알고 있는 분야의 아이템부터 시작하는 것이 좋다.

그렇다면 막연하게 느껴지는 상품 발굴은 어디서부터 어떻게 시작해야 할까?

지인을 통한 소개

내 경우에는 지인을 통해 소개받은 상품이 가장 많았다. 예를 들어 A제조사와 공급 계약을 맺고 사업을 진행하다가 그 회사를 통해 B제조사를 소개받는 것이다.

이런 방법은 기존의 공급처와 오랫동안 쌓은 신뢰 관계를 기반으로 소개를 받는 것이므로 상당히 안전하고 효과적이다. 이후에 A, B제조사로부터 C, D, E제조사를 소개받다 보면 어느새 상당한 거래처를 확보할 수 있다.

이는 특별한 경우가 아니다. 제조사들은 서로 협업 관계를 유지하며 네트워크를 형성하고 있는 경우가 많기 때문에 첫 파트너를 잘 만나면 많은 협력사를 소개받을 수 있다. 물론 이런 기회를 만들기 위해서는 기존 협력사와 신뢰 관계가 형성되어 있어야 한다.

해당 제조사의 상품을 잘 유통하겠다는 책임감을 갖고 좋은 성과를 내기 위해 최선을 다해야 한다. 그러다 보면 때로는 재고 소진을 위해 노마진을 감수하고라도 팔아야 할 때도 있다. 또 원재료 수급 과정에서 제조사의 자금 사정이 어려울 경우 자금 융통을 도와줄 수도 있다.

이럴 때 한 걸음 뒤로 빼기보다는 그동안 신뢰 관계를 충분히 구축했다면 적극적으로 도와주는 것이 좋다. 그렇게 되면 결국 그에 대한 보답이 돌아오게 마련이다.

오프라인 도매시장

도매시장은 생산자에게서 소매상으로 상품을 공급하는 유통 단계이다. 서울과 경인 지역 곳곳에 업종별 특화된 시장이 형성되어 있다. 주로 현금 거래가 이루어지고 세금계산서가 발행되지 않는 경우가 많다. 하지만 가격 면에서 충분히 매력적이다. 몇 가지 대표적인 도매시장을 소개하면 다음과 같다.

- 구두 – 동대문시장 맞은편
- 조명 기기 – 세운상가 양옆 도로
- 판촉물 – 을지로4가 골목
- 지갑, 가방 – 암사동 암사시장 건너편
- 완구 – 천호동 천호대교 남단

- 자동차 용품 – 장한평 중고차시장 근처
- 유니폼, 체육복 – 평화시장 앞
- 화훼 – 고속터미널 상가
- 공구 – 구로역 앞
- 문구 – 남대문시장

전문 시장에는 도매상이 밀집해 있어 규격화된 상품의 경우 가격이 비슷하다. 하지만 매장별로 독특한 상품을 취급하는 경우도 있으니 관심을 갖고 발굴해야 한다. 때로는 덤핑으로 나온 괜찮은 아이템을 매력적인 가격에 구입할 수 있다.

도매시장을 통하지 않더라도 본인이 관심 있는 품목을 취급하는 매장을 방문해서 시장조사를 해보는 것도 여러모로 도움이 된다.

온라인 도매 사이트

오프라인 도매시장을 일일이 찾아다니기는 어렵고 상거래 방식이 맞지 않을 수도 있다. 온라인에도 다양한 유형의 도매 사이트가 있는데 이를 활용하면 쉽게 구매할 수 있다. 온라인 도매 사이트는 운영 방식에 있어서 각각의 특징이 있다. 대표적인 사이트로 도매꾹(www.domeggook.com), 오너클랜(www.ownerclan.com), 도매토피아(www.dometopia.com) 등이 있다. 이런 도매 사이트는 간단한 검색을 통해 다양한 상품을 찾을 수 있으며 인터넷으로 편리하게 주문할 수 있다.

도매 사이트는 크게 사입형과 배송 대행형으로 나눌 수 있다. 사입형은 판매자가 필요한 상품을 일정 수량 매입해서 자체 배송하는 방식인데, 매입 수량이 많을수록 가격이 저렴하다. 배송 대행형은 일단 선판매를 하고 이후에 주문이 들어오면 해당 도매 사이트에 상품 배송을 의뢰하는 것으로 재고 부담이 없다.

도매 사이트는 온라인 판매에 필요한 상세 페이지도 제공하므로 손쉽게 온라인 사업을 시작할 수 있다. 하지만 누구나 쉽게 참여할 수 있는 개방형 비즈니스 모델이다 보니 판매 경쟁이 치열할 수밖에 없다.

대량 사입을 하지 않는 한 원가가 동일하거나 비슷하기에 결국은 광고를 통한 상품 노출 경쟁을 벌일 수밖에 없는데, 광고에 쏟는 비용도 만만치 않다. 이런 이유로 도매 사이트를 통해 상품을 소싱해서 온라인 쇼핑 사업을 하는 경우 대체로 큰 수익을 얻기가 어렵다. 광고는 온라인 쇼핑을 시작하는 단계이고 큰 수고 없이 다양한 상품을 팔면서 경험을 쌓고자 한다면 시도해볼 만하다.

참고로 상품을 직접 제조하거나 소싱할 역량은 되지만 마땅한 온라인 판로를 개척하기 어려운 경우에는 도매 사이트에 상품을 공급하여 다수의 판매자를 통해 판매가 이루어지도록 사업을 설계해보는 것도 좋다.

브랜드 수입

해외 브랜드 제조사 또는 라이선스 권리를 가진 사람(회사)과 국내 독점 판매권 계약을 통해 상품을 수입하는 방식이다. 이를 위해서는 무역 실무에 대한 기본적인 상식이 있어야 하며, 해외 비즈니스에 대한 이해가 필요하다.

온 · 오프라인을 떠나서 유통 사업을 통해 큰돈을 버는 방법으로 해외의 경쟁력 있는 브랜드를 국내에 론칭하는 방식이 유망하다. 물론 좋은 브랜드는 라이선스 권리를 따내기가 쉬운 일이 아니기에 사업을 추진하기 전에 많은 준비가 필요하다. 또한 전 세계를 돌아다니며 좋은 브랜드를 찾아 나선다는 것이 보통 어려운 일이 아니다.

이런 경우 수입 에이전시를 통하는 방법도 고려해볼 만하다. 일정 비용을 지급하고 해외 유명 브랜드를 소개받을 수 있는 것이다. 관련 사업 경험이 적거나 해당 실무 인력을 확보하지 않은 상황이라면 에이전시를 통해 진행하는 것이 유리하다.

상품 소싱뿐 아니라 무역 과정에서의 통역, 번역, 계약서 작성, 통관 및 인증 등 다양한 수입 업무와 관련해 도움을 받을 수 있기 때문이다. 에이전시와 계약할 때는 해외시장조사와 상품 소싱을 위한 준비 단계에서 미리 선금을 지급하기도 한다. 그러나 판매자에게는 실제로 계약이 성사되고 상품 수입이 완료된 후에 약정된 조건의 수수료를 지급하는 방식이 유리하다.

이후에 관련 경험이 축적되면 당연히 직접 수입 업무를 해보는 것이 좋다. 왜냐하면 장기적으로 비용 절감 효과뿐만 아니라 물품이나 거래처, 무역 과정에 대한 노하우를 쌓을 수 있기 때문이다. 브랜드 계약 시에는 국내에서 충분히 마케팅하고 이익을 실현할 수 있도록 충분한 계약 기간을 확보해야 한다.

한편 라이선스 권리를 가진 측에서 연간 또는 분기당 MOQ(최소 주문 수량, Minimum Order Quantity)를 요구하며 이를 충족하지 못할 경우 계약 기간 내에도 해지할 수 있다는 조건을 내거는 경우가 있다. 국내시장에 대한 수요 조사와 자신의 판매 역량 등을 감안해서 신중히 결정해야 한다.

국내 제조

히트 상품을 얻기 위한 최고의 단계는 아이템을 직접 제조하는 것이다. 직접 공장 설비를 갖추고 원자재를 들여와 가공하는 방식과 부품을 공급받아 조립만 하는 방식이 있다.

예를 들어 가정에서 사용하는 형광등은 제조 설비를 갖춘 공장만이 제조할 수 있는 반면 이동형 랜턴은 부품을 들여와 조립만 해도 제조 상품(또는 제조자)으로 인정받을 수 있다.

나 또한 레저 용품에 관심이 많아 나만의 독특한 레저용 랜턴을 만들어보고 싶었다. 그래서 오랜 구상과 준비 끝에 리튬 충전식 LED랜턴을 론칭했다. 늘 유통만 하다가 당사의 이름이 제조사로 찍힌 상품을 직접 개발해보니 감회가 남달랐다. 당시 내수뿐 아니라 수출 전시회에도 참여해서 해외 바이어에게 상품을 소개하며 수출 상담도 진행했다.

해외 OEM 제조

국내의 높은 원자재비, 인건비, 공장 부지, 설비 등의 부담으로 공산품의 경우 해외 OEM 방식으로 제조하는 경우가 일상화되었다. 요즘은 중국도 제조 원가 경쟁에서 밀려나 동남아시아로 눈을 돌리는 기업들이 늘어나고 있다.

해외 OEM 생산의 경우 현지 파트너 선정에 신중을 기해야 한다. 국내에서 개발된 상품을 국외에서 원하는 품질 수준으로 원활히 생산할 수 있는 믿을 만한 파트너를 찾는 일이 무엇보다 중요하다.

현재 나 또한 중국 OEM으로 거꾸리 운동기구를 제조해서 수입 및 판매를 하고 있다. 다행히 현지 제조사의 한국인 대표가 양국의 상황을 잘 이해하고 있어 품질관리에 어려움은 없었다.

해외 OEM 생산의 경우 상대적으로 까다로운 국내 고객의 눈높이를 맞추기 위해 품질관리를 게을리해서는 안 된다. 또한 환율 리스크 헤지, 제품 불량 시 AS 조건, 최근 이슈가 되었던 사드

(THAAD) 문제와 같은 외부 변수, 유난히 긴 연휴(중국의 경우 춘절과 노동절) 등을 감안한 납기일 관리 등 상품 원가 절감 이면에 숨은 다양한 사항을 고려해서 신중히 판단해야 한다.

상품 공급처 관리가 중요하다

주력 아이템을 선정한 다음에는 무엇을 해야 할까? 상품을 내가 직접 만드는 게 아니라면 적당한 공급자를 찾아 상품 공급 조건에 대해 협의해야 한다. 공급자관계관리(SRM, Supplier Relationship Management)라고 하는데, 공급자와 거래 관계를 최적화해서 회사의 경쟁력을 제고할 방법을 모색해야 한다.

상품 공급 조건은 어떻게 할까

일반적으로 온라인 상거래에서 상품 공급 조건은 다음과 같이 몇 가지로 분류할 수 있다.

여신(위탁 거래)

상품을 공급받는 자(또는 판매자)에게 가장 유리한 방법이다. 공급받는 자는 판매 마감 후 특정 시점에 일정 기간의 판매분에 대해 계약된 조건의 금액을 공급자에게 지급하는 방식이다.

예를 들어 A유통회사는 B제조사와 여신 거래 계약을 맺고 당월 판매분에 대해 익월 15일까지 약정된 금액을 지급한다. 이러한 조건은 공급자보다 판매자가 우위에 있거나 양자 간에 공고한 신뢰를 기반으로 하는 경우 많이 사용된다.

계약 관계가 안정적으로 유지되기 위해서는 판매자가 약속한 일자에 정확히 결제해야 한다. 또한 거래 금액이 크게 늘어나면 공급자의 자금 사정이 곤란해질 수 있는데, 이런 경우에는 호혜의 원칙하에 대금 결제 기간을 단축하는 등의 협의를 할 수 있다.

예치금 설정

판매자가 공급자에게 일정액의 예치금을 입금하고 그 금액 내에서 상품을 공급받는 조건이다. 공급자 입장에서는 물건값을 떼일 염려가 없고, 판매자 입장에서는 과도하게 상품을 매입하지 않고 비교적 적은 부담으로 상품을 공급받을 수 있다.

보증보험

공급자가 판매자에게 여신으로 상품을 공급하되 계약 이행에 대한 보증보험을 요구하는 경우가 있다. 공급자 입장에서는 거래 과정에서 신용 위험을 최소화하기 위한 조치이다.

판매자는 신용보증회사에 일정액의 보험료를 지불하고 보증보험 증서를 발급받아 공급자에게 제공한다. 비교적 규모가 큰 기업과 거래할 때 많이 보게 되는데, 판매자에게 담보를 요구하는 경우 보증보험으로 대체하기도 한다.

매입

판매자는 공급자와 매입하고자 하는 상품의 수량과 가격을 결정하고 그에 따른 대금을 지불하는 방식이다. 공급자 입장에서는 자금 회전에 유리한 방법이며, 판매자는 상품을 안정적으로 확보할 수 있다.

판매자는 초기 투자 자금에 대한 부담과 재고 위험이 있으므로 가능한 판매망을 충분히 확보한 다음 매입하는 것이 좋다. 공급자 입장에서도 판매된 상품에 대한 통제가 어려운 단점이 있다.

간혹 판매자는 공급자와 가격 정책을 협의하고도 매입한 상품의 판매가 부진할 경우 덤핑 등의 방법으로 재고를 임의로 처분하기도 한다.

이럴 경우 공급자는 상품 브랜드 가치 하락 및 향후 상품 판매에 어려움을 겪게 된다. 이에 대비해 공급자는 상품 보관과 함께 고객에 대한 배송을 개별적으로 진행하겠다고 요구하기도 한다.

예치금 설정, 보증보험 등 대표적인 상품 공급 계약에 대해 알아보았는데, 판매자와 공급자는 계약자유의 원칙(liberty of contract)에 따라 각자의 상황에 적합한 내용과 방식으로 계약 조건을 협의해야 한다.

상품 유형별 매입 시 주의 사항

상품을 매입해서 창고에 보관하고 직접 배송을 하는 경우 상품의 유형에 따라 유의해야 할 사항이 있으니 반드시 체크해보길 바란다.

옵션이 많은 상품은 '완판'이 어렵다

신발, 의류 등 옵션이 많은 상품은 완판이 무척 어렵다. 신발의 경우 남녀 구분에 색상과 사이즈도 다양하다. 제조사는 총 생산 수량에 맞는 정규분포 모양의 사이즈별 생산비율표에 맞춰 생산 계획을 세운다.

그런데도 특정 사이즈에 판매가 몰려 재고로 남는 경우가 허다하다. 특히 개인별 취향이 반영되는 색상은 더더욱 예측하기 어렵다. 같은 디자인인데 블랙 색상은 완판되고 와인색은 재고가 많이 남는 일이 수시로 일어난다.

이런 유형의 상품은 상당 부분 악성 재고로 남는 경우가 많아 소위 앞으로 남고 뒤로 밑질 수 있다. 따라서 마진 책정 시 일정한 물량의 재고가 발생할 수 있음을 염두에 두어야 한다. 또한 이러한 특성을 감안해서 계약 방식도 가능한 매입보다는 여신이나 예치금 설정으로 협의하는 것이 좋다.

세트 상품은 리스크가 더욱 크다

낱개보다는 세트로 구매하는 상품의 경우 재고 부담이 훨씬 가중될 수밖에 없다.

대표적인 것이 식기류이다. 숟가락을 구매할 때 일반적으로 그에 맞는 젓가락을 함께 구입한다. 그릇도 밥그릇, 국그릇, 앞접시, 반찬기 등을 세트로 같이 주문하는 경우가 많다. 신발과 달리 이런 상품은 낱개로 구매하는 경우가 별로 없어서 자투리로 남은 재고를 처분하기가 여간 어려운 일이 아니다. 이러한 상품은 재고가 소진될 때마다 수시로 채워 넣어야 하므로 중간에 판매를 중단하기도 어렵다.

특히 상품 공급이 중단될 경우 남은 상품은 악성 재고가 될 수 있으니 매입처로부터 지속적으로 공급받을 수 있는지 꼭 확인해야 한다. 필자도 유명 유아식기 브랜드를 매입해서 판매한 경험이 있는데 공급사에 문제가 생겨 꽤 많은 재고로 어려움을 겪었다. 다행히 오프라인에서 같은 브랜드를 취급하는 판매자를 만나 일괄 매각했다. 이런 유형의 아이템을 선정할 때는 신중을 기할 필요가 있다.

유통기간을 확인해야 한다

일반적인 공산품도 제조 일자가 중요하다. 오래되면 고유의 색상이 바래기도 하고 기능에 문제가 생길 수도 있기 때문이다. 설령 그런 문제가 없다 하더라도 제조 일자가 너무 오래된 것은 상품성이 떨어질 수밖에 없다.

특히 식품과 화장품은 유통기간에 민감한 상품이다. 식품은 가공 방식에 따라 유효기한이 다양한데, 가령 유통기간이 임박한 식품을 누가 선호하겠는가? 화장품의 유효기간도 보통 2~3년이고 개봉 후에는 1~2년인 경우가 많은데 제조 일자가 최근일수록 상품 가치가 높다.

판매자 우위 시장인 약국의 경우 상품의 유통기간이 임박하면 제조사에서 반품이나 교환을 해주지만, 일반적인 상거래에서는 쉽지 않은 문제이다. 상품의 리드타임을 고려해서 유통기한이 짧은 상품일수록 적정한 재고 수준을 따져볼 필요가 있다.

계약서 작성 시 유의 사항

거래 규모가 크지 않거나 잘 아는 지인과 거래할 경우에는 서면계약서를 작성하지 않고 구두계약에 그치는 경우가 많다. 하지만 권한과 책임 등을 명확히 따져야 하는 경우라면 정식으로 서면계약서를 작성해서 향후 분쟁의 소지를 최소화해야 한다.

온라인 상거래 계약서 역시 일반 계약서와 특별히 다른 점은 없다. 하지만 계약 기간이나 판매 개런티 등 아래의 계약 조건은 명확히 확인해봐야 한다.

계약 기간

일반적으로 계약 기간은 1년이며 계약 만료 1개월까지 양사에서 별다른 이견을 제시하지 않으면 자동 연장된다. 하지만 판매에 앞서서 광고, 홍보에 많은 비용과 시간이 필요한 경우가 있다. 판매자 입장에서는 계약 기간이 짧고 이후 연장이 되지 않으면 광고, 홍보에 많은 공을 들이고도 그 효과를 기대하기 어려울 수 있다. 이런 경우에는 계약 기간을 충분히 보장받을 수 있도록 협의해야 한다.

판매 개런티

공급자는 공급받는 자(판매자)에게 계약 기간 중 월별, 분기별, 연도별 일정 수량을 매입하도록 요구하고, 이를 충족하지 못할 경우 자동 해지를 추가하는 경우가 있다. 과도한 자신감으로 매입 개런티를 무리하게 책정하면 사업상 큰 낭패를 볼 수 있으니 현실적으로 냉정하게 판단해야 한다.

독점 계약

판매자는 가능한 계약 기간 내에 독점 판매할 수 있는 권리를 요구하는 것이 좋다. 최소한 온라인 독점 판매권은 확보해야 한다. 그 대신 공급자가 인정할 만큼 충분한 역량을 발휘하도록 노력해야 한다.

오프라인과 달리 온라인 판매는 영역을 나눈다는 것이 별 의미가 없다. 일부 상품 공급자는 복수의 파트너에게 상품을 공급하고 가격을 준수하되 경쟁적으로 마케팅과 광고를 하면서 판매가 촉진되기를 기대하지만 생각했던 결과가 나오지 않는다. 복수의 판매자는 어느 누구도 마케팅 비용을 지불하면서 상품 브랜딩을 강화할 생각이 없으며 상품 광고에 큰 비용을 쓰려고 하지 않는다. 오히려 누군가 열심히 광고할 때 남들보다 가격을 좀더 낮춰서 무임승차를 하려고도 한다.

반드시 어느 조건이 유리하다고 말할 수는 없다. 온라인 판매에서 공급자는 역량 있는 판매자를 잘 선정해서 독점권을 부여하고, 판매자는 그에 상응하는 브랜딩, 광고, 홍보 등을 통해 좋은 성과가 나오도록 노력하여 서로 윈윈(win-win) 관계를 형성하는 것이 좋다.

계약 기간 만료 후 판매 조건

판매자는 계약 기간이 종료된 후에도 일부 재고를 빠른 기간

안에 소진하고자 한다. 반면 공급자는 새로운 판매자와 계약을 체결하고 예전보다 더욱 판매가 활성화되기를 기대한다. 이런 경우 이해 당사자 간에 뜻하지 않은 분쟁이 생기곤 한다.

따라서 판매자는 공급자에게 계약 기간 종료 후에도 상품 상세 페이지에서 상표나 상품 디자인 등을 사용해 재고 소진을 할 수 있도록 사전 협의를 해야 하며, 재고 처분을 위해 최소한의 판매 기간을 요구할 필요가 있다.

재판매 가격 유지 행위

공급자가 공급받는 자(판매자)에게 일정한 판매 가격 이하로는 판매하지 못하도록 강제하는 것은 공정거래법을 위반하는 행위이다. 간혹 판매가 준수를 강제하고 이행하지 않을 경우 상품 공급 중단이나 페널티 부과 또는 계약 해지 등을 기재하는 경우가 있는데 이는 엄연히 위법임을 알아야 한다. 의외로 이러한 법 조항을 모르고 판매가 준수를 강제하다가 시정 명령이나 과징금을 받는 경우가 있다.

최근 국내 굴지의 선풍기 제조사인 S사의 담당자와 미팅을 했는데, 일단 시장에 상품이 공급된 이후로는 가격을 통제할 방법이 없다고 토로했다. 한번은 온라인상에서 일부 모델이 너무 싸게 판매되고 있기에 해당 쇼핑몰의 MD에게 연락을 취해서 상품 판매가를 올려줄 것을 요청했다가 '재판매 가격 유지 행위'도 모르냐고 면박만 당했다는 것이다. 고육지책으로 판매가를 준수하면서 매출 성과가 우수한 대리점에게 인센티브를 주는 것이 현실적인 대안이었다고 한다.

판매할 때 주의해야 할 상품

> "상품을 잘 판매하고 있는데 갑자기 판매 정지를 한대요. 이런 경우가 어딨어요?"
> 의료기기는 판매업 신고만 하면 유통에 문제가 없는데 이를 잘 모르고 시작하면 판매 정지를 당할 수도 있고 여러 문제가 생긴다. 건강기능식품은 인증마크를 꼭 확인해야 한다.

2017년 말, 국회에서 진통 끝에 전안법(전기안전관리법) 개정안이 통과되었다. 공산품 중 전기 제품에만 적용했던 것을 의류, 가방, 액세서리 등에까지 모두 적용한다는 원안에 대한 개정안이었다. 개정안이 통과되기까지 국민 청원이 40만 명을 넘어서는 등 관련 업계 종사자에게는 절박한 이슈였다. 온라인 쇼핑을 해보지 않은 사람들은 왜 이것이 큰 이슈인지 이해하기 힘들 것이다.

화장품이나 의료기기 등 인증이나 허가를 받아야만 판매 가능한 상품들이 있다. 따라서 판매업 신고를 하지 않고 판매를 할 경우 심각한 문제가 생길 수 있다.

온라인으로 상품을 판매할 때는 취급 상품에 대한 인증이 필요한지 여부를 확인해봐야 한다. 많은 판매자들이 이런 부분을 소홀히 하다가 큰 낭패를 보곤 한다.

간혹 의도적으로 신고를 하지 않고 판매하다 적발되는 경우도 있지만, 대부분 관련 규정을 정확히 숙지하지 못한 경우가 많다. 또한 인증 기준이 수시로 바뀌기 때문에 이를 확인하지 못해서 법규를 위반하기도 한다.

따라서 취급하는 상품과 관련된 법규를 주기적으로 확인할 필요가 있다. 이를 위반했을 때 사안이 경미한 경우 경고 조치로 간단히 끝날 수도 있지만, 사회적으로 큰 파장을 일으켰거나 반복해서 위반한 경우, 위법으로 큰 수익을 챙겼을 경우에는 벌칙이 상당히 크다. 자칫 애써 키운 사업이 큰 타격을 받을 수도 있다.

인증을 받아야 하는 상품 종류는 여러 가지 있지만 판매자들이 가장 많이 취급하고 까다로워하는 몇 가지를 선별해서 알아보자.

의료기기

의료기기는 사용 목적, 인체에 미치는 잠재적 위해성 정도에 따라 4개의 등급(1~4등급)으로 분류된다. B2C 시장에서는 대체로 잠재적 위험성이 가장 낮은 1등급이나 2등급 상품이 주로 유통된다.

의료기기를 판매만 하는 경우라면 관할 보건소에 의료기기 판매업 신고만 하면 유통하는 데 문제없다. 다만 유의할 점은 사업장의 주소지가 근린 생활 시설로 지정되어 있어야 한다는 것이다. 사업장이 주거용 시설이나 공장으로 등록되어 있어서는 안 된다. 따라서 근린 생활 시설 여부를 확인하기 위해 임대차계약서를 제출해야 한다.

판매하고자 하는 상품이 의료기기인지 일반 공산품인지 구분하기 어려운 경우가 있다. 관련 규정 내용을 확인해봐도 도통 판단이 서지 않을 때는 식약처 게시판에 질의를 하는 것이 가장 정확하다.

나 또한 이런 일로 상당히 곤욕을 치른 적이 있다. 이미용 기기를 수입해서 홈쇼핑 및 온라인 판매를 하던 중에 누군가 식약처에 의료기기를 허가 없이 판매한다고 신고한 것이다. 한동안 상품 판매를 중지하고 식약처에 가서 소명을 하느라 힘든 시기를 보냈다. 다행히 일반 공산품 이미용 기기로 판정되어 관련 사업을 이어갈 수 있었다.

의료기기와 공산품을 명확히 구분하기는 쉽지 않은데 실제로 경계선상에 있는 상품들이 많다. 국내 모 제조사의 경우 동일한 상품을 상품명과 모델명만 바꿔 공산품과 의료기기 양쪽으로 판매하기도 했다. 공산품으로 판매할 경우 의료기기 허가나 광고 심의를 받지 않아도 되므로 신속한 시장 진입이 가능하다. 반면 의료기기는 허가를 받는 데 시간과 비용이 소요되지만 상품의 신뢰도를 높이는 장점이 있다.

의료기기를 수입할 경우 1등급은 수입 절차가 간단하지만 2등급 이상의 상품은 GMP적합인증을 받아야 한다. 비용도 상당하고 시간도 오래 걸리므로 소규모 사업자에게는 큰 걸림돌이 될 수 있다. 특히 제조사의 해외 공장까지 점검하므로 비용 부담이 클 수 있다. 이 부분에 대해서는 제도 개선에 대한 요구가 많으므로 향후 개선될 여지가 있다.

온라인에서 의료기기를 판매하기 위해서는 먼저 상세 페이지를 제작해야 하는데, 판매자가 임의로 만들어서 상품 등록을 하는 것이 아니라 사전에 한국의료기기산업협회에 광고 심의를 받아야 한다. 현행 의료기기법으로는 심의받지 않거나 심의받은 내용과 다른 내용을 광고할 경우 행정처분을 받을 수 있다.

화장품 제조 판매업

온라인에서 화장품을 판매하는 데 허가를 받아야 하는가? 정답은 그럴 수 있고, 아닐 수도 있다.

일반적으로 화장품 제조 및 유통 구조를 보면 제조자, 제조·판매자, 판매자로 나눌 수 있다. 물론 제조자와 제조·판매자가 같을 수도 있고, 제조·판매자가 판매자와 같을 수도 있다. 제조자에게 OEM 위탁 생산 방식으로 공급받아 판매하는 경우에는 제조판매업 허가를 받아야 한다. 반면 제조판매업 허가를 받은 제조·판매자에게 상품을 재공급받아 판매하는 경우에는 별도의 허가를 받지 않아도 된다.

최근 해외 구매 대행이 활성화되면서 해외 화장품을 구매 대행으로 판매하려는 사업자가 늘어나고 있다. 그러나 화장품 제조판매업 등록을 해야 한다는 사실을 모르는 경우가 의외로 많다.

화장품 제조판매업 등록을 해야 하는 경우는 다음과 같다.

- 본인이 직접 제조한 화장품을 유통·판매하는 경우
- 위탁 제조한 화장품을 유통·판매하는 경우
- 수입 화장품을 유통·판매하는 경우
- 수입 대행형 거래를 목적으로 화장품을 알선·수여하는 경우

화장품 제조·판매업자는 일정 자격을 갖춘 제조·판매관리자를 채용하도록 화장품법 시행규정에 정해져 있다. 제조·판매관리자는 화장품 품질관리 및 안전관리 등의 업무를 수행하도록 규정되어 있다. 규모가 작은 회사는 관리자를 추가로 채용해야 하는 부담이 있는데, 시대적 요구를 반영하여 자격 기준이 점차 완화되는 추세이다. 제조·판매관리자의 자격 요건은 다음과 같다.

- 자연계열(화학, 생물학, 생물공학, 생명공학 등), 화장품 관련 전공(화장품과학, 향장학 등), 의학 전공(의학, 치의학, 수의학, 간호학 등) 등 관련학과 학사 이상의 학위 취득자
- 화장품 관련 전문대학 졸업 및 화장품 제조 및 품질관리 업무 1년 이상 경력자
- 관련 전공은 아니지만 화장품 제조 및 품질관리 업무 2년 이상 경력자

화장품의 구분이 쉽지 않은 경우도 있다. 예를 들어 영유아 목욕용품이나 물티슈, 향수 등도 성분에 따라 화장품으로 분류되는 경우가 있으니 관련 규정을 잘 살펴보아야 한다. 또한 제조·판매 관리자는 법정 의무교육으로 매년 1회 이상 교육을 받아야 하는 점도 잊지 말아야 한다.

건강기능식품

먼저 건강기능식품의 정확한 의미를 알아보자. 국가건강정보포털에 따르면 '건강기능식품은 일상 식사로는 결핍되기 쉬운 영양소나 인체에 유용한 기능을 가진 원료 및 성분을 사용하여 제조한 식품으로 건강을 유지하는 데 도움을 주는 식품이다'라고 정

건강기능식품 마크와 표시·광고사전심의필 마크

의되어 있다.

몸에 좋다고 무조건 건강기능식품이 되는 것이 아니다. 홍삼 캔디, 매실 음료 등은 주성분의 함유량도 낮고 기타 요건을 갖추지 못하므로 단순 건강식품 또는 일반식품에 해당한다. 정관장에서 나온 홍삼 제품 중에도 단순 건강식품이 있다. 가장 정확히 알 수 있는 방법은 식품의 포장지에 표시된 건강기능식품 인정마크를 확인하는 것이다.

판매자가 취급하는 상품의 포장에 건강기능식품 마크가 표시되어 있다면 반드시 건강기능식품 판매 신고를 한 후에 판매를 해야 한다. 신고에 앞서 건강기능식품 교육을 이수해야 하는데 온라인 교육과 오프라인 집합 교육 중 선택하면 된다.

건강기능식품도 온라인 판매를 위해서는 상품 상세 페이지에 대해 관련 기관의 심의를 받아야 한다. 심의받은 내용은 일부분이라도 변경해서는 안 된다. 특히 질병의 치료에 효능이 있다는 과대광고나 의약품으로 혼동할 만한 내용을 기재하는 등 허위 표시를 해서는 안 된다. 또한 심의를 받은 경우 광고 내용에 표시·광고 사전심의필 마크가 포함되어야 한다.

지금까지 사전 신고나 허가를 받아야 하는 상품들에 대해 알아보았다. 이런 절차들이 번거롭게 여겨질 수 있겠지만 소비자가 별다른 사고 없이 안전하게 사용하는 것이 무엇보다 중요하다는 점을 인식해야 한다. 인증받지 못한 상품을 판매하여 문제가 발생하는 것보다 더 큰 사업 리스크는 없을 것이다.

상표권, 저작권 등 지식재산권을 조심하라

> A씨는 상품 상세 페이지를 만들어 쇼핑몰에 등록한 지 얼마 되지 않아 한 통의 전화를 받았다. 상세 페이지 내에 사용한 글의 폰트가 저작권을 위반했다는 내용이었다. 폰트 저작권에 대해 잘 몰랐던 A씨는 결국 정품 구입 및 일정 합의금을 지급하는 것으로 마무리했다.

온라인 쇼핑을 운영하다 보면 지식재산권과 관련해서 예기치 못한 상황을 맞이하곤 한다. 상세 페이지에 사용한 폰트가 저작권 위반이라며 고가의 정품 구입을 요구하는 경우도 있으며 특정 이미지를 허락 없이 사용했다고 합의금을 요구하는 경우도 있다.

예전에 모 법무법인이 폰트 제작사를 대신해서 무차별적으로 저작권 위반 사례를 찾아내고 합의금을 종용하다가 사회적 이슈가 된 적도 있다.

지식재산권은 크게 산업재산권(특허권, 실용신안권, 상표권, 디자인권)과 저작권으로 나뉜다.

예를 들어 한때 획기적인 상품으로 등장했던 날개 없는 선풍기의 경우 날개 없이 바람이 나오는 기술은 특허권, 브랜드는 상표권, 외관 모양은 디자인권에 해당한다.

온라인을 통해 상품 하나를 판매하는 과정에서도 여러 가지 지식재산권에 연계되어 피해를 보는 경우가 있다. 특히 온라인 판매는 검색을 통해 쉽게 단속할 수 있기 때문에 정확히 이해하고 대비하는 자세가 필요하다.

상표권과 저작권에 대해 알아보고 온라인 판매 시 유의 사항을 자세히 살펴보자.

상표권

상표권이란 상품명이나 서비스명을 독점적으로 사용할 수 있는 권리를 말한다. 한마디로 상품의 얼굴이라고 할 수 있는데, 말하자면 나이키, 샤넬, 메가박스 등의 브랜드가 상표이다.

상표권은 특허청에 출원을 하고 등록되어야 권리를 인정받을 수 있다. 이 권리는 10년간 유지되며 이후 10년 단위로 갱신이 가능하다.

내 상품을 브랜드화하기 위해서는 반드시 상표등록을 먼저 해야 한다. 별 생각 없이 상표등록을 하지 않고 사업을 펼치다가 낭패를 보는 경우가 있다. 타인이 이미 소유한 상표인데 미처 확인하지 않고 사용하다 보면 오히려 사업이 잘되었을 때 합의금 금액이 커질 수 있으며 그동안 키워놓은 브랜드가 물거품이 되고 만다

또한 아직 상표등록이 되지 않았지만 바쁘다는 핑계로 등록을 미루고 먼저 사업을 펼쳐나가다가 나중에 타인이 상표를 선점하고 그 권리를 주장하는 경우도 있다.

상표 출원을 하고자 할 때는 먼저 해당 상표가 등록되어 있는지 확인해야 한다. 특허정보넷 '키프리스(www.kipris.or.kr)'에서 검색을 통해 상표등록 여부를 확인할 수 있다. 또한 본인이 원한다고 무조건 상표로 인정받을 수 있는 것이 아니다. 예를 들어 자동차, 책, 컴퓨터 같은 보통명사나 지역명이 포함되어 있으면 상표등록이 어렵고, 과장 및 과대 표현으로 인한 오인의 소지가 있는 경우도 등록되지 않는다.

그 외에도 상표등록 과정에서 복잡한 내용 확인이나 절차 등이 있기에 처음 상표등록을 하는 경우라면 변리사의 도움을 받는 것이 시행착오를 줄이는 방법이다.

온라인 판매 시 상표권과 관련해서 다음 사항에 유념해야 한다.

짝퉁 상품

평창동계올림픽을 앞두고 출시된 평창 롱패딩이 상당한 열풍을 일으켰다. 기념품은 실용성이 떨어진다는 일반적인 생각과 달리 세련된 디자인과 가성비가 좋기로 소문나면서 매장 앞에서 밤새워 기다렸다가 득템하는 모습이 뉴스를 통해 여러 차례 보도되었다.

그리고 곧이어 엄청난 카피 상품이 쏟아져 나왔다. 규제를 피하고자 '팽창 롱패딩' 같은 상표를 사용하는 등 다양한 앰부시 마케팅(공식 후원사가 아니면서 후원사인 것처럼 광고하는 것)이 펼쳐지기도 했다.

일반적으로 짝퉁이라 불리는 상품들의 정식 명칭은 '지적재산권 침해물품'으로 원작자의 허가 없이는 판매할 수 없다. 짝퉁 상품은 병행수입 등을 통해 국내에 유입되는 경우가 많은데 반입하다가 적발될 경우 상품은 압류되어 폐기되고 상표법 위반 등 관련 법에 의해 처벌될 수 있으니 유의해야 한다.

타사 브랜드 도용

기존의 유명 브랜드를 등에 업고 상품 판매를 하는 경우가 많은데 절대 해서는 안 된다. 대표적으로 '~st, ~스타일, ~풍' 등이 있는데, 예를 들어 구찌 스타일, 구찌풍, 아디다스 삼선운동화 등은 모두 카피 상품이다.

오픈마켓이 등장한 초기에는 이런 문구를 활용하는 카피 상품들이 엄청나게 유통되었다. 지금은 대부분의 쇼핑몰이 자체 모니터링을 통해 단속하고 적발 시 경고문을 보낸다. 반복될 경우에는 퇴점뿐만 아니라 정품 상표권자에게 통보하기도 한다.

저작권

온라인 판매 시 상품 상세 페이지의 중요성은 아무리 강조해도 지나치지 않을 것이다. 판매자는 상세 페이지 내에 상품의 신뢰도를 높이고 주목을 끌 만한 좋은 이미지를 넣고자 한다. 하지만 과욕은 금물, 해당 이미지를 사용해도 되는지 꼼꼼히 체크해봐야 한다.

상품이나 모델 사진, 상품 소개 글에 쓰이는 폰트, 이미지를 제작 또는 편집하는 데 필요한 포토샵, 문서 작업을 위한 MS오피스 패키지 등이 대표적으로 체크해야 할 저작권이다.

상품 사진이라고 해서 모두 저작권을 인정받는 것은 아니다. 저작물이란 창작성이 인정되어야 하므로 단순히 상품 사진만으로는 권리를 인정받을 수 없다. 모델이 상품을 지니고 있거나 소품 등과 함께 상품의 개성이 표현된 것이라면 저작물이 될 수 있다.

또는 상품만을 촬영할 경우라도 피사체의 각도, 빛의 노출이나 방향, 촬영 기법, 배경 등을 종합적으로 고려했을 때 창작성이나 개성이 있으면 저작물로 보호받을 수 있다.

피팅 모델의 경우 자신의 사진이 제한 없이 노출되는 것을 꺼릴 수 있다. 나중에 초상권 문제가 발생하지 않도록 모델 사진이 상품 상세 페이지 내에서만 사용 가능한지 홈페이지나 블로그, 인쇄물에도 사용 가능한지 구체적으로 협의하고 서면계약을 해 둘 필요가 있다. 폰트 등 소프트웨어는 무료 공개용이 아닌 이상 정품 구입이 원칙이다.

상품 상세 페이지 내의 이미지 저작권 문제는 병행수입이 활발해지면서 더욱 대두되고 있다. 수입 제품의 가격 인하 효과를 목적으로 2014년부터 정부에서 병행수입을 장려하기 시작했다. 가격 인하 효과는 있지만 저작권에 대한 판매자의 인식 부족이나 상세 페이지 제작 역량 부족으로 인해 정식 수입사의 콘텐츠를 무단으로 사용하는 문제가 많았다.

또한 최신 트렌드가 반영된 신선한 문구나 이미지 등으로 제작된 콘텐츠를 통해 좋은 반응이 있을 경우 동종 상품이나 유사 상품을 취급하는 판매자들이 무단으로 카피해서 사용하는 경우도 있다. 창작자의 노고와 비용이 들어간 결과물에 무임승차를 하겠다는 생각을 버려야 한다.

타인이 자신의 이미지를 도용하는 등 저작권 침해를 하는 경우에는 연락을 취해서 즉시 시정 조치를 취하게 하거나 해당 쇼핑몰에 신고하는 방법도 있다. 네이버쇼핑의 경우 하단에 지식재산권 신고센터가 있는데 신고 양식을 다운로드하여 작성 후 입증자료 등을 첨부해 팩스나 우편으로 접수하면 된다.

매출을 2배로 올리는 상세 페이지 제작법

> 고객을 유혹하려면 상세 페이지를 잘 만들어야 한다. 온라인 쇼핑몰에서 상세 페이지의 중요성은 아무리 강조해도 지나치지 않다. 고객이 오프라인 백화점이나 마트에서는 진열된 상품을 보고 구매하는 반면 온라인에서는 상세 페이지를 보고 구매 여부를 결정하기 때문이다.

일반적으로 오프라인 매장에서 상품을 직접 눈으로 확인하고 만져본 후에 구매하는 것이 더 정확하다고 생각한다. 그러나 이는 일부만 맞는 얘기다. 상품을 직접 볼 수는 없지만 온라인 상세 페이지에서 그 상품에 대해 더욱 자세한 정보를 얻을 수 있다.

상세 페이지에는 상품 사진 외에도 다양한 정보가 들어 있다. 의류나 잡화의 경우 모델이 착용한 사진, 식품의 경우 다양한 요리 소개 및 조리 방법, DIY 상품의 경우 조립 과정을 담은 동영상, 상품 생산 과정이나 각종 인증 자료, 구매 고객의 이용 후기 등은 온라인 쇼핑에서만 볼 수 있는 특징이다.

한때 "남자한테 참 좋은데 어떻게 표현할 방법이 없네"라는 카피를 내세운 건강기능식품 광고가 인기를 끌었다. 당시 해당 상품은 이 광고 멘트 하나로 상당한 히트를 했다.

온라인 쇼핑 사업을 하면서 '참 좋은 상품인데 잘 표현하지 못한다'면 얼마나 안타까운 일이겠는가. 남들은 심지어 포토샵으로 상품 이미지를 실물보다 예쁘게 편집하거나, 상품의 기능과 효과를 과장해서 표현하기도 하는데 말이다. 상품을 과대 포장하거나 과장 광고해서는 안 되겠지만 상품의 특징과 장점은 정확히 그리고 충분히 어필할 수 있도록 심혈을 기울여야 한다.

글, 이미지, 사진, 동영상 사용법

상세 페이지는 상품을 소개하는 문구, 각종 그래프나 안내 이미지, 상품이나 모델 사진, 동영상 자료 등으로 표현한다. 각 표현 방식을 효과적으로 사용하기 위한 방법에 대해 알아보자.

텍스트(문구)

상품 정보를 알기 쉽게 세부적으로 표현해야 하는데, 고객의 관심을 끌 수 있도록 흥미롭고 재미있는 문구를 사용하면 더욱 좋다. 판매자가 아닌 고객의 입장에서 충분히 구매 욕구를 느낄 수 있는 문구여야 한다. 오타가 있거나 맞춤법이 맞지 않으면 읽는 흐름을 방해할 수 있으니 꼼꼼히 체크해야 한다.

이미지

텍스트가 너무 길면 지루하게 느껴진다. 그래프나 도형, 표, 이모티콘 등을 적절하게 섞어서 표현하면 보기에도 좋고, 고객의 이해를 돕는 데 효과적이다. 직접 제작하지 않고 이미 만들어진 이미지를 사용할 경우에는 저작권을 확인해봐야 한다.

사진

상세 페이지에는 상품 사진, 소품을 곁들인 연출 사진, 모델 사진 등 다양한 사진이 들어간다. 요즘은 휴대폰 성능이 좋아져 사무실 한편에서 촬영하는 경우도 많은데, 가능한 조명이나 소품이 잘 갖춰진 스튜디오에서 해상도 높은 카메라를 사용하는 것이 좋다.

식품이나 식기의 경우 먹음직스러운 요리 사진이 필요하고, 의류는 모델이 착용한 사진이 있어야 효과적으로 어필할 수 있다. 캠핑 용품 같은 아웃도어 상품이나 비키니, 겨울 외투 같은 계절 의류는 자연광을 최대한 살려 실감 나도록 야외 촬영을 검토해보는 것이 좋다. 농수산물은 재배 모습이나 채취 과정을 생동감 있게 보여줄 수 있다면 신뢰감을 더욱 높일 수 있다.

동영상

상세 페이지 내에 동영상이 반드시 들어갈 필요는 없다. 하지만 잘 만든 동영상 한 편은 상세 페이지의 공간적 한계를 넘어 상품을 더욱 효과적으로 어필할 수 있는 수단이다. 상품 제조 과정, 사용 방법, 제조자 또는 상품과 관련된 유명인의 인터뷰도 좋은 소재가 된다. 생동감이나 재미의 요소가 필요하다면 3D나 카툰 형식의 영상 자료도 고려해보면 좋다.

최근에는 PC보다 스마트폰을 통한 온라인 거래가 급증하고 있다. 스마트폰을 통해 긴 상세 페이지를 보기가 불편한 점도 있기에 이러한 영상 자료는 모바일 환경에서 훨씬 설득력 있는 표현 수단이 되고 있다.

상세 페이지 제작 시 고려 사항

상세 페이지 제작의 모범 답안은 없다고 생각하면 된다. 상품 종류와 특성에 따라 전체 스토리를 다양하게 구성할 수 있기 때문이다. 또한 기획자나 디자이너의 성향을 충분히 반영해서 개성 있게 차별화할 수도 있다. 효과적인 상세 페이지를 만들기 위해 일반적으로 알아야 할 몇 가지 사항을 체크해보자.

짧은 시간에 어필이 되어야 한다

고객이 상세 페이지를 열어서 보는 시간, 즉 체류 시간은 보통 3~5초 이내이다. 그 짧은 시간 동안 관심을 끌지 못하면 이내 다른 상품으로 넘어가게 된다. 따라서 고객의 시선을 사로잡을 수 있는 소구 포인트를 잘 기획해야 한다. 그리고 흥미를 갖고 평균 시간 이상으로 해당 상품을 자세하게 살펴보도록 유혹해야 한다. 내가 판매하고자 하는 상품의 특징이 무엇인가? 그리고 어떤 방법을 통해서 부각시킬 것인가? 상세 페이지 제작 시 가장 고민을 많이 해야 할 부분이다.

타깃 고객층에 맞도록 디자인하라

입점하고자 하는 쇼핑몰의 고객 연령대, 성별, 직업 등의 성향을 파악하고 그 특성에 맞게 상세 페이지를 기획해야 한다. 오픈마켓이나 소셜커머스는 주 고객인 젊은 층에게 친숙한 문구나 이미지 등을 충분히 반영해야 한다. 카툰처럼 재미있게 상품을 소개하는 것도 좋다. 반면 종합몰이나 일부 전문몰은 상대적으로 고객 연령대가 높고 객단가도 높은 편이므로 장난스럽거나 가벼운 표현은 삼가는 것이 좋다. 특정 회원들이 가입되어 있는 일부 폐쇄몰은 직장, 취미, 성별 등으로 고객층이 상당히 세분화되어 있으니 그 특징에 맞는 상세 페이지 전략이 필요하다.

쇼핑몰의 디자인 가이드 확인

쇼핑몰마다 상세 페이지 디자인 가이드가 있다. 이를 준수해야만 상품이 최적으로 표현될 수 있다. G마켓, 옥션, 11번가 등 오픈마켓은 가로 길이를 800~900픽셀로 제작하면 된다. 종합몰이나 일부 전문몰은 그 이상의 사이즈를 사용하기도 하므로 상세 페이지의 가로 사이즈 확인이 필요하다. 세로 사이즈에 대한 제약은 없으나 너무 길면 상세 페이지 로딩 시간이 오래 걸릴 수 있다는 점을 유의해야 한다.

모바일 사양에 최적화하라

앞에서도 언급했듯이 스마트폰을 통한 매출이 급성장하고 있다. 일부 소셜커머스나 오픈마켓의 경우 이미 PC를 통한 매출을 뛰어넘은 것은 물론 그 격차가 벌어지고 있다. 스마트폰의 특성상 작은 화면에서 가독성을 높이기 위해서는 텍스트의 폰트가 커야 한다. 또한 상세 페이지가 너무 길지 않도록 유의해야 하며, 동영상을 추가해서 영상 한 편을 통해 상품 이해를 돕는 방법도 효과적이다.

또한 백화점이나 홈쇼핑 계열의 종합몰은 콘텐츠에 대한 심의가 상당히 까다롭기 때문에 상품의 특징을 표현하는 데 있어서 수위를 조절해야 한다. 특히 의료기기, 건강기능식품, 의약외품 및 기능성 상품을 취급한다면 효과가 검증된 부분에 한해서만 표현이 가능하다는 점을 유념해야 한다.

영역별 기획 포인트

글에도 기승전결이 있듯이 상세 페이지도 나름대로 스토리를 잘 갖추어야 한다. 상품 이미지와 내용을 대충 짜깁기해서는 고객의 관심을 사로잡을 수 없다.

사업계획서 작성과 관련해서 컨설팅 사업을 하는 친한 후배가 있다. 그의 말에 따르면 사업계획서에 꼭 필요한 요소는 한마디로 '이·공·설(이해, 공감, 설득)'로 요약된다는데, 상세 페이지도 마찬가지이다. 고객이 상품에 대해 정확히 이해하도록 만들고, 공감을 불러일으켜야 하며, 최종적으로 구매를 결정할 수 있도록 설득력이 있어야 한다.

상세 페이지는 아래 방향으로 길게 제작된다. 위부터 아래 방향으로 영역을 나누고 각 영역에는 어떤 내용들이 들어가야 하는지 알아보자. 앞서 기술했듯이 상세 페이지 제작에 정답은 없으니 하나의 샘플로 보면 된다.

TIP 매출을 2배로 올리는 상세 페이지 만들기

① 인트로

상품명과 상품의 대표 이미지를 보여준다. 인지도 있는 브랜드라면 그에 대한 소개를 한다. 유명 모델이 있다면 상품과 함께 보여주면서 고객의 시선을 끄는 것도 효과적인 방법이다. 상품의 핵심 가치나 제조사가 지향하는 비전(예를 들어 건강, 행복, 친환경, 에너지 절약, 기술 선도 등)을 보여줘도 좋다.

② 핵심 포인트 강조

해당 상품만이 갖고 있는 특징을 함축적으로 임팩트 있게 표현한다. 경쟁 상품과의 차별점을 부각하는 것도 좋다. 독특한 수상 내역이나 특허 등이 있으면 함께 보여준다. 프로모션은 이 영역 내에 적절히 배치한다.

③ 옵션 종류

상품의 종류가 여러 가지라면 작은 이미지로 표현하여 고객에게 다양한 종류의 상품 가운데 원하는 것을 선택할 수 있음을 보여준다. 또는 한 가지 상품이라도 다양한 색상이나 디자인 등 옵션 내용을 보여준다.

④ 상단 공통 페이지

제조자나 생산지 관련 특징이 있다면 함께 표현한다. 또한 판매하는 상품의 종류가 많은 경우 공통된 중요 내용을 표현한다.

⑤ 개별 상품 소개

해당 상품의 특징을 모두 보여주는 영역이다. 상품 소개, 사용 방법, 크기나 중량 등의 제원 및 상품의 전체 이미지나 부분 이미지, 확대 이미지 등을 모두 표현한다.

⑥ 하단 공통 페이지

상단 공통 페이지에 보여주는 내용에 비해 상대적으로 중요도가 떨어지는 공통 콘텐츠를 넣는다. 언론 노출, 인증서, 품질마크, 배송 안내, 교환 및 환불 규정 등을 삽입한다.

01_ 인트로

02_ 핵심 포인트 강조

03_ 옵션 종류

04_ 상단 공통 페이지

05_ 개별상품소개

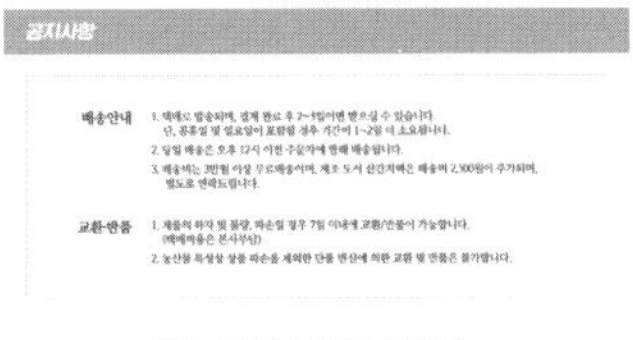

06_ 하단 공통 페이지

눈길 끄는 목록 이미지, 대표 이미지 만들기

상품 목록 이미지를 잘 만들어야 상세 페이지까지 연결될 가능성이 높다. 목록 이미지가 고객의 클릭률에 큰 영향을 미치므로 심혈을 기울여서 기획 및 제작해야 한다.

상품 리스트를 보여주는 곳에 나열되어 있는 것이 목록 이미지이며 클릭 시 상세 페이지 왼쪽 상단에 보이는 것을 대표 이미지라고 한다. 목록 이미지는 대표 이미지보다 사이즈는 작지만 대체로 정사각형 비율이어서 하나를 만들어 같이 사용하기도 한다. 보통 300픽셀이나 600픽셀 등 주력 쇼핑몰의 사이즈에 맞게 만들고, 다른 쇼핑몰에 등록할 때는 리사이징해서 사용하면 된다. 대부분의 쇼핑몰에서는 가로세로 비율만 맞으면 해당 쇼핑몰에 최적화되도록 자동으로 리사이징된다.

목록 이미지를 GIF 파일로 만들어 애니메이션 효과를 주기도 한다. 많은 쇼핑몰에서 이를 규제하거나 또한 일부 모바일에서는 기술 지원을 하지 않는 경우가 있으니 이 점을 고려해야 한다.

대표 이미지는 해당 상품의 특징을 가장 잘 보여줄 수 있도록 촬영해야 한다. 유명 모델이 있다면 주목도를 높이기 위해 상품과 인물의 균형감을 이루어야 한다. 상품의 이미지는 작게 보여주는 반면 여백을 지나치게 많이 주거나 불필요한 소품과 인테리어가 많은 공간을 차지하는 것은 바람직하지 않다. 모바일 쇼핑

대표 이미지

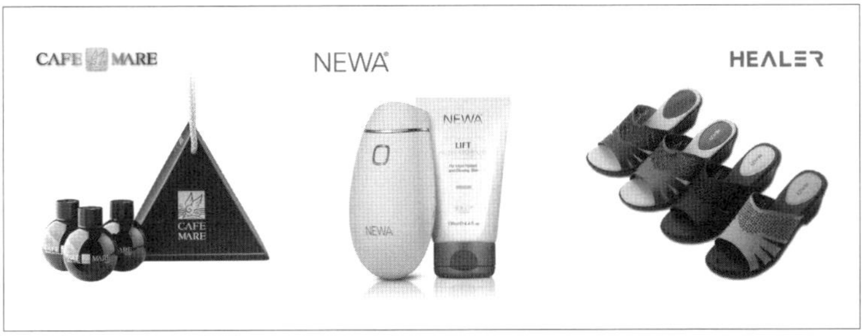

몰은 이미지가 많이 축소되어 보여질 수 있으므로 가능한 여백이나 소품을 최소화하고 상품 자체 이미지만 부각하는 것이 좋다. 특히 네이버 스마트스토는 대표 이미지 가이드라인이 까다롭고, 상품 이미지 이외의 다른 요소들이 부적절하게 들어가면 상품 등록 자체가 안 될 수 있다.

소비자의 눈에 띄게 상품 제목 정하기

상품 상세 페이지를 아무리 잘 만들어도 목록 이미지나 상품 제목이 주목을 끌지 못하면 빛을 발할 수 없다. 비록 짧은 한 줄의 상품 제목이지만 그 영향력이 크므로 제목을 정할 때 신중을 기해야 한다.

상품 제목에는 해당 상품의 브랜드, 상품명, 모델명, 특징, 수

식어, 연관 단어 등이 들어갈 수 있는데 길이가 한정되어 있으므로 우선순위를 두고 선별해서 작성한다. 이목을 끌기 위해 '★, ※, ♡, ☞'와 같은 기호나 '~스타일' 같은 문구를 넣는데, 자체 운영하는 쇼핑몰은 상관없지만 종합몰처럼 관리가 엄격한 곳에서는 제약을 받는다.

이러한 기호나 문구는 상품이 '싼티'나 보이거나 짝퉁 이미지가 생길 수 있으므로 가능한 사용하지 않는 것이 좋다. 상품 제목 이외에 부제목(sub title)을 넣는 쇼핑몰이 있는데, 상품의 특장점을 어필할 수 있는 내용으로 작성하면 된다.

배송 서비스 어떻게 할 것인가?

> "배송은 주문이 들어올 때마다 우체국 택배로 보내는 게 좋을까요?"
> "배송이 하루만 늦어도 게시판에 글이 올라오는데 힘드네요."
> 배송 서비스를 단순히 상품을 전달하는 정도로 여겨서는 안 된다. 온라인 쇼핑에서 배송 서비스는 성공의 키포인트 중 하나로 인식해야 한다.

온라인 쇼핑 업계에서는 쿠팡의 로켓배송이 단연 화두이다. 쿠팡은 2015년 소프트뱅크로부터 투자받은 10억 달러 중 상당 금액을 로켓배송 서비스에 투자하고 이후에도 추가 투자를 받아 계속해서 물류 서비스를 강화해오고 있다.

상품 차별화, 가격 차별화의 한계를 타개하기 위해 배송 서비스로 돌파구를 마련하고자 역량을 집중하고 있는 것이다. 자정(밤 12시) 이전까지 주문하면 다음 날 쿠팡맨으로부터 상품을 받을 수 있는 로켓배송은 고객 만족도가 상당히 높아 쿠팡의 대표 서비스로 자리매김하고 있다.

물론 과도한 투자로 인한 적자 규모가 상당하고 운송 사업에 해당하는지 여부에 대한 법적 분쟁이 있기도 하다. 하지만 쿠팡에서 과감하게 시작한 로켓배송 서비스는 온라인 쇼핑 업계에 긴장감을 주기에 충분했다. 많은 쇼핑몰 회사들은 이 서비스의 성공 여부를 예의 주시하며 그에 따른 대응책을 고민하고 있다.

나 또한 다음에서 운영하는 쇼핑몰 디앤샵의 신사업팀장으로 재직할 때 쇼핑몰 간의 치열한 경쟁 속에서 소비자 서비스 강화를 통한 차별화가 무엇보다 중요하다고 생각했다. 그중 배송 서비스가 고객에게 가장 큰 영향을 줄 수 있다는 판단 아래 물류 서비스를 기획했고, 2005년 '통합 배송 서비스'라는 명칭으로 출범했다.

고객이 통합 배송 서비스에 참여한 여러 판매자들의 상품을 장바구니에 담아 주문하면 한꺼번에 상품을 받을 수 있는 서비스로 지금의 로켓배송과 유사한 점이 있다. 당시로서는 국내에서 처음 시도된 서비스였다. 디앤샵에서 이 배송 서비스가 처음 출시되었을 때 업계에서는 애플의 아이폰 출시와 같은 창의적이고 혁신적인 서비스라고 평가했다.

당시 이 서비스를 통해 고객 만족도가 상당히 높았을 뿐 아니라 매출 신장에도 크게 기여했다. 특히 객단가가 낮은 상품들의 매출 증가가 두드러졌는데, 중저가 화장품 카테고리는 통합 배송 서비스를 도입한 이후 매출이 17배나 상승했다.

대형 쇼핑몰의 배송 서비스를 예로 잠깐 살펴보았는데, 규모에 상관없이 쇼핑몰을 운영한다면 배송 서비스에 대해 다각도로 심도 있게 검토해보아야 한다.

다양한 배송 서비스 활용법

가벼운 질문 하나 해보자. 옥션이나 G마켓 같은 쇼핑몰의 경우 여름과 겨울 중 어느 시즌에 매출이 더 클까? 정답은 겨울이다. 다른 쇼핑몰들도 마찬가지다.

물론 여름 휴가 시즌보다는 겨울 크리스마스나 설날 효과가 더 크기도 하지만, 판매되는 상품의 객단가에서 큰 차이가 나기 때문이다. 여름에 판매 비중이 높은 반팔과 겨울에 판매 비중이 높은 두꺼운 외투의 객단가를 비교해 보면 알 수 있다. 이와 관련해서 재미있는 사례가 있다.

여름철 저가 신발이나 반팔 의류를 판매하는 것을 보면 저거 팔아서 얼마나 남을까 하는 생각이 들 수 있다. 다음의 슬리퍼는 판매가가 200원인데 그중 상품 원가와 판매 수수료를 제하면 수익은 얼마 되지 않는다. 어쩌면 마이너스일지도 모른다. 반면 택배비는 2,500원으로 유료배송인데 택배 물량이 많을 경우 택배회사와 협의해서 1,500~2,000원 수준으로 조율이 가능하다. 쇼핑몰

배송비를 통한 수익 창출의 예

출처: 네이버 스마트스토어

수익을 전적으로 배송비에서 창출하는 경우이다.

객단가가 낮다면 묶음배송 서비스

상품의 객단가가 낮고 구색이 다양하다면 묶음배송 서비스를 검토해보는 것이 좋다.

앞에서 묶음배송 서비스를 했을 때 화장품 매출이 크게 늘었다고 했는데, 고객 입장에서는 작게는 1,000원 이하의 화장솜, 면봉, 브러시, 퍼프 등 저렴하고 다양한 화장 도구를 한꺼번에 장바구니에 담아서 주문할 수 있기 때문이다.

대표적으로 문구류, 간식류, 생활 소품 등이 묶음배송에 적합한 상품 카테고리다. 2만 원 또는 3만 원 이상 무료배송 등의 조건을 걸면 개별 상품마다 배송비가 붙는 경우보다 더 이득이라고 느낄 것이고, 더불어 무료배송 조건을 충족하기 위해 추가 구매를 고려할 것이다.

전단지와 샘플을 이용한 마케팅

상품 추가 구매를 유도하는 크로스 셀링(cross selling)과 좀더 비싼 상품 구매를 유도하는 업 셀링(up selling)이 있다. 기존 구매 고객에게 다른 상품의 추가 구매를 유도하는 일종의 마케팅 방식인데, 전단지와 샘플이 아주 좋은 수단이다. 고객이 구매한 상품을 포장할 때 추천할 만한 상품을 소개하는 전단지를 넣어주거나 작은 샘플을 보내주는 방식으로 활용된다.

예를 들어 간식의 경우 주문한 맛 이외에 다른 맛의 상품을 샘플로 넣어서 시식할 기회를 준다(크로스 셀링). 화장품의 경우 500원짜리 화장솜을 구매했다면 기능과 디자인이 향상된 1,000원짜리 신규 화장솜 낱개를 샘플로 넣어줄 수 있다(업셀링). 협력사와 사업 제휴를 통한 교환 광고 방식도 고려해볼 수 있다. 예를 들어 분유 판매회사는 분유병 소개 전단지를, 분유병 판매회사는 스틱형 낱개 분유를 샘플로 보내는 것이다.

또한 판매자의 명함이나 상품 생산 과정을 소개하는 전단지를 넣을 경우 상품의 신뢰도를 제고할 수 있다. 대형 쇼핑몰에 입점한 경우 간혹 고객이 주문한 상품의 포장박스 내에 직접 운영하는 자체 쇼핑몰에 대한 안내지와 함께 쿠폰 등을 넣어서 자체 쇼핑몰의 직거래를 유도하기도 한다. 하지만 홈쇼핑이나 백화점 계열의 쇼핑몰에서는 간혹 가주문을 통해 체크하는 경우도 있으니 유의해야 한다.

상품성을 자신한다면 무료 교환 서비스

온라인 쇼핑의 특성상 상품의 색상, 사이즈, 질감을 직접 보고 느낀 후에 구매할 수 없다는 것은 오프라인 쇼핑과의 큰 차이점이자 한계점일 수밖에 없다. 하지만 상품성을 확신한다면 과감하게 1회 무료 교환 서비스를 검토해볼 만하다. 주로 의류, 신발, 잡화, 액세서리 등이 해당된다.

특히 신발은 어떤 사이즈가 맞을지 애매한 경우 구매를 망설일 수 있는데 이런 조건이라면 안심하고 구매할 것이다. 상품 상세 페이지에는 착용 시 상품이 훼손되지 않도록 유의해달라는 안내를 해야 한다. 또한 시행 전에 무료 교환 서비스 이용 비율을 예측해보는 등 사업성을 충분히 검토해야 한다.

내 쇼핑몰에 적합한 배송 방식 선택하기

배송 방식은 취급하는 상품의 특징, 판매 수량, 재고 수준 및 공급처와의 관계 등을 감안해서 선택하는 것이 좋다. 판매자 입장에서 고려해야 할 배송 방식과 특징을 살펴보자.

공급처에 위탁 배송

판매자는 오직 광고 및 홍보를 통해 상품 판매에만 집중하고, 배송은 공급사에 의뢰하는 것이다. 판매자 입장에서는 상품 보관 장소가 필요하지 않고 배송 업무를 일일이 하지 않아도 되는 장점이 있다. 하지만 주문 수량이 많지 않으면 공급자가 선호하지 않을 수 있다.

또한 판매자가 다수인 경우 판매 수량 예측이 더욱 어려워 불시에 품절될 가능성이 있다. 다만 상품의 사이즈가 크거나 조립 상품, 설치 상품인 경우에는 공급처에서 배송을 책임지고 진행하는 것이 일반적이다.

판매자 직접 배송

판매자가 사무실 일부 공간에 재고와 부자재를 보유하고 배송하는 방법이다. 물론 배송 물량이 많을 경우 별도의 창고를 두고 운영할 수도 있다. 주로 규격화된 상품을 취급할 때 적합하다. 직접 택배로 발송하기에 수주 및 발주 업무가 없으며 해당 쇼핑몰 배송 정보란에 운송장 번호만 입력하면 된다.

3PL 계약 배송

3PL(3자 물류 방식, Third Party Logistics)은 전문 물류회사와 계약을 맺고 배송 서비스를 맡기는 방식이다. 물류회사는 창고에 관련 설비 등을 갖추고 상품 및 부자재 관리부터 배송 및 반품까지 일련의 서비스를 모두 제공한다. 특히 의류, 신발, 잡화 등 옵션이 많아 관리하기 어려운 상품은 3PL 계약을 통해 전문 물류회사에 맡기는 것이 훨씬 효율적이다.

물류회사와 협의를 통해 1건당 배송비를 책정하는데, 월 배송 건수가 많고 상품의 사이즈가 작을수록 배송비 단가가 저렴하다. 반면 물류회사는 월 배송 건수에 대한 개런티를 요구하는데, 배송 수량이 적어 개런티가 충족되지 않을 경우에는 창고 비용을 별도로 청구하기도 한다.

택배사 선정하기

소규모 쇼핑몰은 회사 내에 적정 재고를 보유하고 주문 상품을 택배로 보내는 방식이 일반적이다. 택배사를 선정할 때 유의 사항이 있다. 먼저 해당 지역에 상품 픽업이 가능한 택배사를 알아보고 견적과 픽업 시간을 문의한다(일부 지역의 경우 고객에게 택배 배송은 가능하지만 판매자의 상품을 수거하지 않는 곳이 있다). 상품의 객단가가 높다면 가격이 조금 비싸더라도 우체국과 같은 메이저 택배사와 계약하는 것이 좋다. 반면 상품의 객단가가 낮고 택배비 차이가 크다면 마이너 택배사를 검토해볼 수 있다. 요즘은 마이너 택배사도 익일 배송 비율이 메이저 택배사와 큰 차이가 없기 때문이다.

택배비는 월 예상 수량과 상품의 사이즈 및 중량에 따라 책정된다. 하루라도 빨리 받기를 원하는 고객의 니즈를 충족하기 위해서라도 택배기사와 협의해서 픽업 시간을 가능한 늦게 지정하는 것이 좋다. 소형가구, 운동기구 등 사이즈가 크고 무거운 상품은 경동택배 같은 대형 상품을 취급하는 곳을 이용하면 된다.

상품별 카테고리 특징 확인하기

내가 취급하던 상품 중 심박수(심장박동 수) 측정 시계가 있었다. 일반인은 물론 운동선수들도 많이 사용하는데 가슴에 띠를 두르면 그 띠에서 심박수를 측정해 손목에 차고 있는 시계에 그 수치를 보여주는 상품이다.

어느 날 의료기기 판매업 신고를 하지 않고 의료기기를 판매하고 있다며 담당 공무원이 회사로 찾아왔다. 판매 상품을 확인하더니 의료기기가 맞다며 향후 관련 조치가 있을 것이라고 했다. 단순히 스포츠 시계인 줄 알았지 의료기기라고는 생각하지 못했고, 왜 의료기기인지 이해되지 않는다고 해명했다. 스포츠센터의 러닝머신이나 실내자전거도 대부분 심박수 측정이 가능한데 그런 운동기구도 모두 의료기기냐고 항변해보았다. 그러나 담당 공무원은 취급하고 있는 상품이 의료기기인 것은 분명하다고 했다. 그러고는 간단한 서류를 작성한 후 자리를 떴다.

공무원이 다녀간 후 향후 사업 과정에서 불이익은 없을지 우려되었다.

이후 수입사에 문의해보니 그들도 심박수 측정 시계가 의료기기인 줄 몰랐다며 확인해보니 사업 도중에 관련 법이 바뀐 것 같은데 그 사실을 모르고 있었다는 것이다. 결국 해당 상품 취급을 중단했고 이후 사안이 경미하다며 기소유예 통보를 받고 일단락되었다.

그리고 몇 년이 지나 그 수입사를 통해 해당 시계가 의료기기에서 제외되었다는 소식을 들었다. 도대체 그사이 무슨 일이 있었던 것일까?

「보건의약뉴스」에 의하면 2014년 모 전자회사에서 식약처와 접촉해 심박수 측정 기능이 있는 신규 출시 휴대폰을 의료기기에서 제외해달라고 했다는 것이다. 식약처는 이 전자회사로부터 고시 개정안을 전달받은 후 3개월 만에 '의료기기 품목 및 품목별 등급에 관한 규정' 고시 개정안을 행정예고했고, 해당 휴대폰이 출시되기 3일 전에 원안대로 공표했다.

식약처는 각계 전문가의 의견과 현실 여건을 감안할 때, 현행 제도를 개선해 의료용과 운동·레저용 제품은 구분해 관리할 필요성이 크다는 점을 고려해 개정안을 도출했다고 발표했다. 운동·레저 목적의 손목시계형 및 러닝머신 결합형 심박수계 등을 의료기기로 관리하는 것은 일반적인 사회통념과 다를 수 있다는 점도 감안했다고 한다. 또한 미국, 일본 등 주요 선진국에서 의료기기로 관리하지 않는다는 점을 고려했다고 밝혔다.

적절한 해명이긴 하지만 그 이전에 단속으로 일관하기보다 중소기업의 애로사항에 귀를 기울였어야 하지 않았을까. 그날 밤 다음 아고라 게시판에 그동안 겪었던 일들과 심경을 넋두리처럼 써 내려갔다. 그리고 몇몇 위로의 댓글을 읽으며 애써 마음을 추슬렀다.

고객 정보는 한 번 더 확인

첫 직장에서 한동안 쇼핑 업무를 여자 선배와 둘이 담당했다. 요즘은 카드 결제나 실시간 자동이체, 모바일 결제 등 다양하고 편리한 결제 방법이 있지만 당시에는 대부분의 쇼핑몰이 무통장 입금 방식으로 진행됐다. 그래서 상품 주문자명과 통장에 찍힌 입금자명을 일일이 대조해가며 확인해야 했다. 선배가 입금자명을 불러주면 나는 주문자 중에 해당 이름을 찾아서 결제를 완료하는 일이 중요한 일과였다.

크리스마스 직전 어느 날 선배가 입금자명을 부르다가 '아니 이럴 수가!' 라는 장탄식을 내뱉었다. 한 남자가 서로 다른 세 명의 여자에게 꽃 배달을 주문했는데, 꽃과 함께 전달하는 메모에 똑같은 사랑의 메시지를 적어서 보낸 것이었다.

"뭐 이런 XXX가 다 있냐? 이건 보내지 말자!"

선배의 말에 당시 사회 초년생으로 업무를 배우던 나는 순간 '정말 그렇게 해도 되나?' 하며 당황했다. 하지만 이내 '이건 우리가 관여할 일이 아니지'라며 함께 웃어 넘기고 본연의 업무에 충실했다.

쇼핑몰을 운영하다 보면 이런저런 웃지 못할 다양한 일들을 종종 경험하게 된다. 처음 겪을 때는 혼란스럽지만 그 이후로는 '이건 단지 내 업무일 뿐이야'라고 가볍게 생각한다. 문제는 실수로 잘못 배송되는 경우이다.

한 유명 홈쇼핑에서는 한 남성 고객이 사이즈가 다른 반지를 2개 주문하면서 각기 다른 여자에게 배송을 요청했는데, 직원의 실수로 반지가 바뀌어 배송되었다. 반지를 받은 여성이 사이즈를 교환하기 위해 통화하던 중 직원이 반지를 2개 주문했고 각기 다른 주소로 배송됐다는 것, 즉 여자 두 명에게 동시에 전달됐다는 사실을 밝히면서 소동이 일어났다.

온라인 쇼핑 사업을 하다 보면 여러 가지 생각지도 못한 요청 사항을 받을 때가 많다. 고객이 주문 시 요청하는 사항은 꼼꼼히 확인해야 한다.

5장 »

대박을 내는
마케팅
핵심 전략

상품 라이프사이클 전략

신규로 개발했거나 발굴한 상품이 히트 상품으로 떠올라 시장 지배자로서 꾸준히 판매되어 지속적인 수익을 창출하는 것은 모든 판매자의 희망 사항이다. 하지만 대박 상품도 시간 차이가 있겠지만 상품 라이프사이클(PLC, Product Life Cycle), 즉 상품 수명 주기에 따라 언젠가는 시장에서 서서히 소멸할 수밖에 없다.

기술 혁신, 빠른 생산 시스템, 고객 욕구의 다양화 등으로 상품 수명 주기는 갈수록 짧아지고 있다. 특히 빠른 생산 시스템은 카피 상품이나 유사 상품의 출현을 앞당겨 과잉 경쟁을 초래한다. 이로 인해 상품이 충분한 이익을 확보하는 성숙기에 이르지도 못하고 쇠퇴하는 것이다. 따라서 상품 라이프사이클을 정확히 이해하고 각 단계별로 효과적으로 대응하기 위한 전략이 필요하다.

상품의 라이프사이클은 일반적으로 도입기, 성장기, 성숙기, 쇠퇴기를 거치게 된다.

상품 라이프사이클의 각 단계마다 어떤 특징이 있는지 파악하

상품 라이프사이클

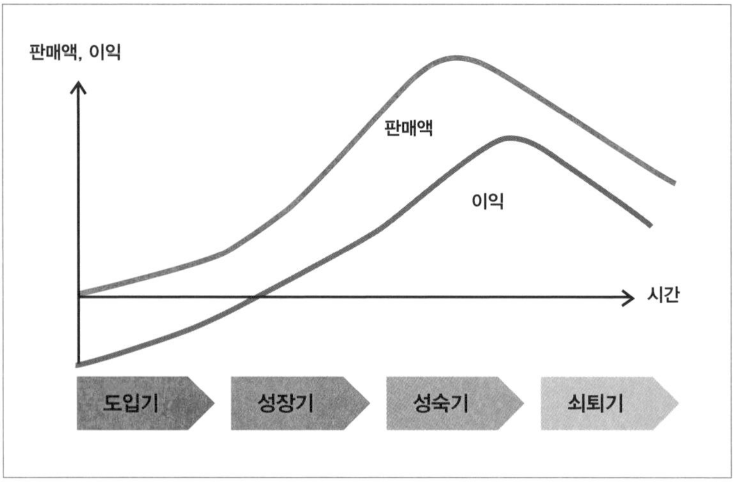

고 각 단계별로 어떤 마케팅 전략을 수립해야 할지에 대해 알아보자. 각 단계에 맞는 효과적인 전략을 통해 상품 판매를 극대화할 수 있다.

상품 라이프사이클에 따른 단계별 특징

구분	도입기	성장기	성숙기	쇠퇴기
매출	낮음	고성장	저성장	하락
수익	적자	증가	정점	감소
고객 성향	혁신층	초기 수용자	중기 수용자	후기 수용자, 마니아
경쟁사	없음/소수	증가	다수	감소

BCG매트릭스와의 관계	물음표 (Question mark) – 신규 사업, 스타로 발전하거나 개로 전락	스타 (Star) – 성장률이 좋은 유망 사업	젖소 (Cash cow) – 높은 이익 실현 중이나 성장 정체 사업	개 (Dog) – 이익이나 성장 면에서 좋지 못한 사업

* BCG매트릭스는 미국의 보스턴 컨설팅 그룹에서 개발한 전략 평가 기법으로 시장점유율과 사업성장률을 고려하여 만든 모형이다.

도입기

상품을 개발하고 시장에 진입하는 단계이다. 상당한 마케팅 비용이 소요되지만 매출은 미미하고 아직 사업 성과를 예측하기 어렵다. 얼리어댑터(초기 수용자) 성향의 고객들이 관심을 갖는다.

마케팅 전략은 시장 확대에 초점을 두고 유통 단계를 넓혀나가는 시점이나 아직 판매에 집중하기보다는 상품에 대한 시장 반응을 점검해보고 관심을 불러일으키는 단계이다. 온라인 유통 채널 중 카카오 메이커스나 펀샵 등 신상품에 관심이 많은 고객층이 두터운 곳부터 우선적으로 공략해볼 필요가 있다. 파워블로거나 체험단을 모집해서 상품 사용 후기 마케팅을 통해 상품에 대한 자세한 특징을 알려야 한다.

또한 상품 시연 기회를 갖거나 샘플 증정 등을 통해 관심 고객을 확대해나간다. 온라인 신문사 등을 통해 신상품 출시를 기사화하고 론칭 이벤트 등을 부각한다.

성장기

매출이 크게 증가하며 손익분기점을 넘어서기 시작한다. 이익이 지속적으로 증가하지만 마케팅 비용도 비례해서 증가하므로 이익은 아직 제한적이다. 신상품에 관심이 많은 고객이 주 구매층이다. 상품은 드디어 스타(Star)로 등극하지만 이때부터 카피 상품이나 유사 상품이 본격적으로 등장하기 시작한다.

마케팅 전략은 상품성이 입증된 상태라면 상품 인식을 위한 광고 방식에서 본격적으로 상품 판매와 브랜드 강화를 위한 광고 방식으로 전환한다.

매스 마케팅 시작 단계로, 비용이 꽤 소요되더라도 검색 광고나 SNS를 통한 타깃 광고 등도 적극적으로 진행한다. 쇼핑 채널은 종합몰 등 전방위로 확대해나가며 사업성이 있다면 홈쇼핑도 고려해볼 수 있다. 한편으로는 경쟁 상품의 판매 현황이나 카피 상품 출현 여부를 확인하며 신상품 개발을 검토해야 하는 단계이다.

성숙기

성장률 곡선이 둔화되기 시작하는 시점이다. 매출은 꾸준히 유지되는 반면 마케팅 비용은 대폭 축소되어 수익이 극대화되는 단계이다.

마케팅 전략은 시장점유율을 확대하기보다 최대한 수익을 확보하는 방향으로 진행한다. 유사 상품과의 경쟁이 치열한 시기로 상품성이 비슷하다면 사은품, 쿠폰, 적립금 등을 내세워 적극적으로 대응해나간다. 오픈마켓, 소셜커머스 MD와 판매 수수료 조정 협의를 통해 특가 프로모션 등을 진행한다.

쇠퇴기

후기 수용자의 뒤늦은 구매 또는 일부 마니아층의 반복 구매가 이루어지는 단계로 매출과 수익이 감소한다.

마케팅 전략은 상품 충성도가 높은 고객을 위한 제한적인 광고만을 진행하며 마케팅 비용은 최저 수준으로 줄인다. 수수료가 높은 쇼핑몰 등 고비용 구조의 유통 채널을 정리한다. 또한 직접적인 가격 할인을 통해 재고 부담을 최소화하며 1+1 행사, 땡처리 등으로 상품 판매 마감을 준비한다.

지금까지 상품 수명 주기와 그에 따른 마케팅 전략에 대해 알아보았다. 매출액과 이익을 극대화하려면 성장기와 성숙기를 오래 끌고 갈 필요가 있는데, 이를 위해서는 차별화된 상품 경쟁력이 무엇보다 중요하다. 상표, 디자인, 기술특허 등으로 상품이 잘 보호되고 브랜드를 강화하여 후발 주자가 따라오기까지 가능한 오랜 시간이 걸리도록 해야 한다. 또한 앞에서 언급했듯이 성장기에는 이후의 신상품 개발이나 발굴에도 관심을 가져야 한

기업의 지속 성장 그래프

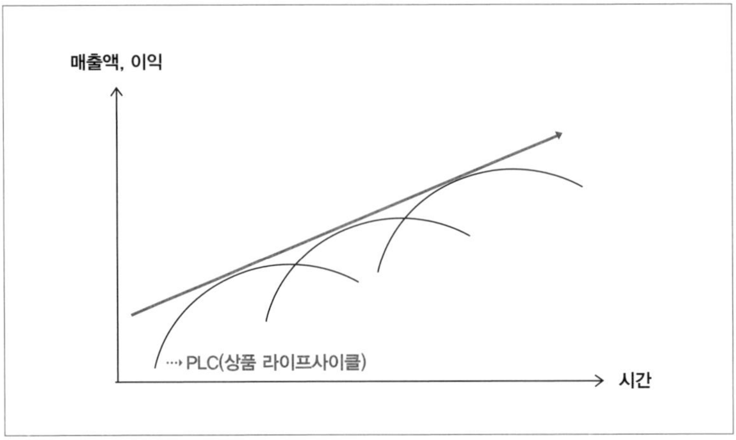

다. 장기적인 전략을 통해 기업은 지속 성장을 기대할 수 있을 것이다.

매출을 올리는 프로모션의 종류와 활용법

온라인 쇼핑몰에 상품과 상세 페이지만 올리고 주문이 들어오기를 기다리는 것은 감나무 아래서 홍시가 떨어지기를 기다리는 것과 같다. 온라인 쇼핑몰을 운영하고 있다면 어떻게든 고객을 유치하고 상품을 부각해 판매를 증진해야 한다. 이를 위해서는 상황에 맞는 다양한 프로모션을 진행하는 것이 기본이다.

국내 주요 대형 쇼핑몰의 경우 등록된 상품 수가 억 단위를 넘어선 지 오래다. 그 많은 상품 가운데 내 상품은 어디에 어떻게 진열되어 있는가.

쇼핑 카테고리 대분류, 중분류, 소분류, 상세 분류까지 내려가 상품 목록 리스트에서도 수십 페이지, 수백 페이지를 넘겨야 겨우 찾을 수 있다면 과연 얼마나 판매를 기대할 수 있을까?

자체 쇼핑몰을 구축해놓았다면 고객의 방문을 유도할 방안은 물론 어렵게 방문한 고객이 그냥 스쳐 지나가지 않고 구매로 이어질 수 있도록 준비해야 한다.

주위 사람들에게 알리고 광고를 해서 어렵게 찾아온 나의 쇼핑몰. 그러나 등록한 상품 상세 페이지 정보가 그저 밋밋할 뿐 도무지 고객의 눈길을 사로잡지 못한다면 난감한 상황이 아닐 수 없다. 물건이 좋다고 고객이 알아서 찾아와 구매하기만을 기대할 수는 없다.

어떻게든 고객을 유치하고 상품을 부각해 판매로 이어지도록 해야 한다. 이때 필요한 것이 다양한 프로모션이다. 누구에게 어떤 방식으로 어떻게 프로모션을 해야 할지 살펴보자.

프로모션은 무엇을 목표로 해야 하는가

첫째, 신규 고객 확보. 상거래에서 고객 확보는 필수 요소이다. 고객에게 나의 쇼핑몰을 알려서 방문하도록 해야 한다. 그리고 관심 사이트로 등록하게 해서 재방문이나 회원 가입까지 유도해야 한다.

둘째, 구매 전환. 수익 창출은 기업 존립의 근간이다. 단순 방문에 그치지 않고 구매로 연결되어야 한다.

셋째, 기존 고객 로열티 강화. 단골 고객의 재구매가 사업성을 강화한다. 고객이 1회 구매에 그치지 않고 단골이 되도록 고객 만족도를 주기적으로 평가하며 제고해야 한다.

어떤 프로모션을 해야 하는가

회원 가입 및 첫 구매 유도

회원 가입 프로모션은 가능한 첫 구매와 연계해서 진행하는 것이 효과적이다. 쇼핑몰 운영 시 가장 먼저 해야 할 프로모션이기도 하다. 회원 가입 단계에서는 일반적으로 첫 구매 시 할인이 적용되는 쿠폰을 발행하거나, 첫 구매의 마중물 역할을 하는 일정액의 적립금을 부여하는 방법이 좋다.

재방문

고객의 재방문을 유도하는 가장 좋은 방법은 지속적인 신상품 공급 또는 다양한 이벤트 진행이다. 또한 해당 쇼핑몰에서 고객 참여형 커뮤니티가 활성화된 경우에는 자발적인 재방문이 많을 것이다. 사이트 내에 콘텐츠, 커머스, 커뮤니티가 조화롭게 꾸며지면 고객 이탈을 최소화할 수 있다.

내가 운영하는 쇼핑몰에서는 재방문 유도를 위해 매일 방문하는 고객에게 도장을 찍어주는 이벤트를 진행했다. 고객이 로그인하고 해당 이벤트에 게시된 달력에 방문 일자를 클릭하면 도장을 찍어주고 한 달 동안 매일 도장을 찍은 고객에게는 사은품을 제공하는 방식이다. 중간에 포기하는 사람도 많았지만 생각보다 꽤 많은 고객이 완주를 통해 사은품을 받았다.

고객 기념일

회원 가입 시에 기재한 생일, 결혼기념일 등을 잊지 말고 프로모션에 적극 활용한다. 고객에게 축하 인사를 하는 것으로 그치지 말고 할인 쿠폰 등의 혜택을 제공하는 것이 좋다. 그 밖에 회원 가입 1주년 감사 프로모션 등 고객과의 접점을 만들어나갈 수 있는 다양한 프로모션을 시도해볼 필요가 있다.

우수 등급 프로모션

고객 충성도를 강화하기 위한 방법으로 재구매율이 높은 고객을 몇 단계의 등급으로 나누어 차별화된 혜택을 제공하는 방식이다. 상품의 종류에 따라 다르지만 대체로 소모성 상품의 경우에는 고객의 재구매 비중이 상당히 높다. 심지어 20퍼센트의 고객(헤비 유저, 구매 빈도가 높은 고객)이 전체 구매량의 80퍼센트 이상을 차지하기도 하는데 이런 단골 고객을 탄탄히 유지하는 것이 상당히 중요하다.

이러한 다량 구매자는 해당 상품에 대한 지식이 많고 만족도가 높은 편이므로 신규 고객의 첫 구매에도 긍정적인 영향을 미친다. 신규 고객은 그들이 구매 후기에서 남긴 만족도나 상품의 다양한 활용법 등을 보고 구매를 결정하는 경우가 많기 때문이다.

사용 후기

'고객은 고객을 믿는다.' 먼저 사용해본 고객의 경험을 통해 상품 구매에 대한 확신을 갖도록 하는 방법이다. 상품에 대한 어떠한 어필도 고객의 객관적인 사용 후기만큼 설득력을 가질 수는 없다.

따라서 신상품을 새롭게 선보일 경우에는 사용 후기 프로모션을 적극적으로 활용해보는 것이 좋다. 특히 객단가가 높고 상품에 대한 지식이 많이 필요한 고관여 상품의 경우에는 잘 쓴 후기 하나가 오피니언 리더 역할을 하기도 한다.

연간 주요 기념일

설날, 밸런타인데이, 졸업 · 입학 시즌, 화이트데이, 가정의 달(어린이날, 어버이날), 여름 휴가, 추석, 크리스마스, 연말연시 등과 같은 기념일을 매개로 한 프로모션 기회를 놓쳐서는 안 된다. 특히 대형 쇼핑몰은 이러한 기념일을 전사 마케팅 차원에서 진행하므로 모든 MD들이 협력사와 2~3개월 전부터 상품을 선정하는 등 상당한 공을 들인다.

이러한 마케팅 방식은 취급하는 상품의 종류에 따라 각종 기념일에 대한 프로모션의 중요도가 다르다. 예를 들어 건강기능식품은 설날, 가정의 달, 추석 같은 기념일에 집중하고, 장난감은 어린이날이나 크리스마스 시즌이 가장 큰 대목이다. 젊은 층을 타깃으로 특정 상품에 대한 상업적인 마케팅 차원에서 3월 3일(삼겹살데이), 11월 11일(빼빼로데이)같이 프로모션을 위해 각종 기념일이 만들어지기도 한다.

어떤 방법으로 홍보해야 하는가

상품 상세 페이지 활용

상품을 소개하는 상세 페이지 내에 프로모션 내용을 등록한다. 외부 쇼핑몰에 입점해서 상품을 판매할 경우 유용한 방식이다. 상세 페이지 상단에 해당 프로모션 내용을 삽입한다. 처음에 상세 페이지를 제작할 때 프로모션 내용이 삽입될 것을 고려해서 코딩을 해놓는 것이 좋다.

이메일

메일 수신에 동의한 고객을 대상으로 프로모션 홍보 메일을 보내는 방식이다. 메일 제목에 따라 오픈율의 차이가 크므로 신중하게 제목을 작성해야 한다.

대형 쇼핑몰의 경우 고객을 세분화해서 프로모션의 내용에 따라 해당 타깃층에게만 발송하는데, 보통 수십만 명 단위로 보내기도 한다. 전사 프로모션의 경우에는 수백만 명에게 보낸다.

오픈율에 따라 매출 등 고객 반응에 큰 차이를 보이므로 일부 쇼핑몰은 제목을 비롯해 문구 작성을 전문으로 하는 카피라이터가 있을 정도다. SMS 문자와 마찬가지로 반드시 옵트인(opt-in) 방식, 즉 사전 동의 고객에게만 발송해야 한다. 허술한 내용의 빈번한 발송은 스팸 처리될 뿐만 아니라 고객 충성도를 약화할 수 있음을 유념해야 한다.

배너

배너 광고 역시 고객 클릭률을 높이기 위해 심혈을 기울여 제작해야 한다. 먼저 배너가 게시될 곳의 사이즈를 확인해야 하는데, 가로세로 비율이 같다고 해서 하나만 만들어놓고 리사이징해서 사용하면 안 된다. 배너의 사이즈가 아주 작을 경우에는 여백, 소품, 심지어 모델도 빼고 상품만 제시하는 경우도 있기 때문이다. 특히 모바일에 최적화된 사이트라면 더욱 꼼꼼히 체크해야 한다.

외부 사이트에 배너 광고 시 구매 니즈가 있는 고객을 확실하게 타깃팅하겠다면 리타깃팅 마케팅(retargeting marketing, 이용자가 한 번 클릭한 상품, 배너 광고, 사이트 등의 접속 정보를 활용해서 이용자가 타 사이트에 접속할 경우에도 이전에 클릭한 광고를 다시 보여주는 기법)도 고려해볼 만하다.

SNS

SNS는 특정 관심 사항이나 활동 등을 공유하는 사회관계망 서비스로서 개인이 서로의 관심사를 공유하는 것에 머물지 않고 최근에는 광고 시장의 큰 플랫폼으로 성장하고 있다. 페이스북을 예로 들면 우선 페이지를 개설해야 하고 중장기적으로 이벤트 소식을 꾸준히 등록하는 노력이 뒤따라야 한다.

이벤트 소식은 한눈에 볼 수 있도록 단순하고 깔끔하게 꾸며 시각적으로 재미있게 주의를 끌 수 있어야 한다. 모바일에 최적화된 짧은 동영상으로 상품을 어필하는 것이 효과적이며 상품의 객단가는 부담 없이 구매할 수 있는 중저가대가 좋다. SNS 마케팅은 네트워크 효과가 극대화될 수 있는 매체의 특성상 '좋아요', '리뷰' 등이 꾸준히 늘어나면 큰 비용 없이 비교적 단기간에 큰 매출 성과로 이어지기도 한다.

고객 심리를 이용한 프로모션 전략

> "어떻게 하면 더 효과적으로 마케팅할 수 있을까요?"
> "온라인 마케팅 대행사를 이용하는데 별 효과가 없는 것 같아요."
> 광고를 하는 것은 생각만큼 효과가 크지 않다. 소비자를 사로잡으려면 고객 심리를 파악해 마케팅 전략을 세워야 한다.

"가장 좋은 광고는 만족한 고객이다."

마케팅의 거장 필립 코틀러의 말이다.

마케팅은 고객의 심리를 읽는 법에서부터 시작된다. 따라서 고객 심리와 연계해서 다양한 프로모션 방법이 고안되고 있다.

내가 다음에서 쇼핑 관련 마케팅 업무를 맡았을 때 '어떻게 하면 더 효과적인 프로모션을 기획할 수 있을까?' 하는 고민을 거듭했다. 프로모션 방법에 따라 판매 성과가 크게 달라지기 때문에 매번 신중을 기할 수밖에 없었다.

그 당시 로버트 치알디니의 《설득의 심리학》을 읽으면서 영감을 얻곤 했다. 저자는 설득의 달인들이 상대로부터 '네'라는 응답을 끌어내기 위해 사용하는 책략은 수천 가지에 이르지만 대부분 여섯 가지 기본 범주 중 하나에 속하며, 이것은 인간의 행동을 조종하는 기본적인 심리 원칙의 지배를 받는다고 한다.

효과적인 프로모션 법칙 여섯 가지

로버트 치알디니가 강조한 '사람의 마음을 사로잡는 여섯 가지 불변의 원칙'을 기반으로 예를 들어 프로모션 기획 및 활용 방법을 살펴보자. 분유(브랜드명: 최고분유)를 판매한다고 가정했을 때 어떻게 하면 효과적인 프로모션이 될 수 있을까?

1. 상호성의 법칙

인간은 누군가에게 호의를 받거나 신세를 지면 갚아야 한다는 의무감을 느끼게 마련이다. 이런 불편한 마음(심적 부담)을 해소하기 위해서라도 받은 호의에 보답하고자 하는 경향이 있다는 것이다.

프로모션 참여자는 공짜 샘플을 받을 경우 부채 의식을 느끼게 되며, 호의에 보답해야 한다는 부담감을 갖게 되어 결국 실질적인 구매로 연결될 수 있다는 논리다.

무료 증정 프로모션

10회분 무료 증정 프로모션은 최소한 제조 원가가 소요되므로 프로모션의 정도에 따라 비용 부담이 될 수도 있다. 상호성의 원칙에 기반하지만 충분한 상품 경쟁력을 갖추었을 때 효과적이다. 샘플 수령자 중 구매로 전환되는 비율을 예측해보고 사업성이 있다고 판단될 때 시도해볼 만하다.

2. 일관성의 법칙

인간은 자신이 결정한 행동 양식에 대해 스스로 당위성을 부여하며 이후에도 일관된 태도를 보인다. 특히 타인 앞에서는 더욱 일관된 행동을 유지하려는 경향이 있다.

최고분유가 조금 비싸더라도 당신의 아기에게는 최상의 품질의 분유를 먹이고 있다는 점을 상기시키며 앞으로도 아이에 대한 당신의 사랑은 한결같아야 한다는 심리적인 부담을 주는 문구이다. 기존 고객의 지속적인 재구매 유도를 위한 프로모션에 유용

하며, 정기적인 이메일이나 문자 발송 등 고객과의 관계를 유지할 때 효과를 강화할 수 있다.

3. 사회적 증거의 법칙

인간은 다수의 사람들이 취하는 행동 양식에 영향을 받는다. 대다수가 선택한 방식을 택함으로써 리스크를 줄이고자 하는 심리 때문이다. 또한 대다수의 사람들이 바른 일이라고 인정하는 선택 방식일 때 그러한 성향은 강화된다.

당신도 많은 사람이 구매하고 있는 최고분유를 구매하는 것이 좋지 않겠냐고 설득하고 있다. 특히 분유는 안전성이 중요한 상품이니 당신도 대다수 고객이 선택한 최고분유 구매 행렬에 당연히 동참해야 한다는 심리적 압박을 가하고 있다. 많은 누적 판매 수량이나 이용 후기를 보여주는 것도 이러한 고객 심리를 자극하는 방법이다. 그러나 이러한 피플 파워(People Power) 효과를 기대

다수의 선택을 따르게 하는 심리 자극

할 수 있는 문구는 과장 없이 사실에 근거해서 작성해야 한다.

4. 호감의 법칙

사람들은 나이, 고향, 취미 등 자신과 유사한 부분이 많은 사람에게 호감을 느낀다는 것이다. 또한 신체적인 매력에 대해서도 호감을 느낀다. 호감을 느끼는 사람에게 호의적이며 그의 행동에 영향을 받는다고 한다.

호감을 사는 카피 활용

호감도 높은 모델이 자신의 아이에게 최고분유를 먹인다며 당신의 아이에게도 같은 분유를 먹여보라고 권유하는 메시지를 전달하고 있다. 엄청난 모델비를 지불하면서 상품 광고에 호감도 높은 연예인을 기용하는 이유가 바로 호감의 법칙에 근거한 것이다.

예를 들어 소주 광고는 주 소비층인 남성들에게 어필하고자 호감도 높은 여자 연예인을 기용하는 것이 일반적인데, '저랑 한잔 하실래요?'라고 말하며 잔을 건배하듯이 치켜드는 것이 광고 포스터의 전형적인 모습이다.

5. 권위의 법칙

인간은 사회적으로 권위 있는 사람들의 행동 방식에 영향을 받는다. 권위 앞에서 맹목적으로 따르거나 무조건적으로 받아들이는 경향이 있다는 것이다.

유럽 선진국 엄마들이 선택한 분유인데 이제 국내에서도 판매를 한다니 당신도 그들처럼 행동해야 하지 않겠냐는 내용이다. 권위 있는 사람과 같은 상품이나 서비스를 이용함으로써 자신의 권위가 높아진 듯한 만족감을 갖는다.

상당히 비싼 최고급 휴대폰이나 자동차를 소유하려는 것도 이런 심리에 기인한 것이다. 타이거 우즈나 최경주 선수가 사용하는 골프채를 사용하면 더 좋은 플레이를 할 수 있을 것으로 기대하는 것도 상당 부분 이러한 심리에 기반한다고 할 수 있다.

권위의 맹종

반면 중국산 휴대폰과 자동차는 가격과 성능 면에서 가성비가 상당한데도 국내에서는 전혀 힘을 쓰지 못한다. 체면을 중시하는 사람일수록 이러한 마케팅의 영향을 많이 받는다.

6. 희귀성의 법칙

사람들은 무언가가 한정적일수록 더욱 큰 가치를 느낀다. 희소성이 있을 경우 더욱 매력을 느끼며 소유하고자 하는 욕구가 생겨난다는 것이다.

한정된 수량이 준비되어 있으며 이번에 구입하지 못하면 앞으로 할인가로는 구입할 수 없다는 심리적 불안감을 불러일으키며 구매를 재촉하고 있다.

'이제 곧 매진입니다', '방송 종료 3분 남았어요', 홈쇼핑에서 쇼호스트가 재깍재깍 초침 소리와 함께 구매를 망설이는 고객에게 마지막으로 임팩트 있는 멘트를 날리는 모습을 많이 보았을 것이

심리적 불안감 자극

다. 별다른 비용이 들지 않으면서 구매 심리에 큰 영향을 미치므로, 한정 판매, 시간제한(deadline) 전략은 온라인 프로모션에서 가장 많이 사용되는 방법이다.

지금까지 사람의 심리에 기반을 둔 여섯 가지 마케팅 프로모션 방법을 예시를 통해 살펴보았다. 각자 취급하는 상품의 특징, 타깃 고객 및 매체의 특성, 예산 등에 따라 다양한 방법으로 기획해 보는 것이 좋다.

갈수록 사람들의 개성이 다양하게 표출되고 구매 패턴은 복잡해지고 있으며, 트렌드의 변화 및 확산 속도도 빨라지고 있다. 따라서 이러한 변화에 효과적으로 대응할 만한 마케팅 방법을 꾸준히 고안하고 적용하는 것은 매우 중요한 과제이다.

이외에도 쇼핑몰 대표들이 흔히 사용하는 덤 마케팅과 정서 마케팅 전략이 있다.

덤 마케팅과 1+1 마케팅

'왝더독(wag the dog)'이라는 용어는 원래 금융시장에서 현물거래가 선물거래를 좌우하는 위력을 발휘하는 데서 유래했다. 마케팅에서는 본품(개의 몸통)에 딸려 오는 덤(꼬리)이 판매에 큰 영향을 미칠 때 쓰는 표현이다.

상품 경쟁력을 확보하는 과정에서 가격 할인보다는 덤이 더 큰 효과를 발휘하는 경우가 있다. 덤은 무조건 비싸다고 좋은 것은 아니며 본품과 관련 있는 상품이거나 마케팅 차원에서 시즌이나 기념일과 연계된 상품 등 '덤'도 나름대로 충분한 가치를 제공할 수 있도록 기획해야 한다.

정서를 자극하는 웜 마케팅

불경기일수록 몸과 마음이 움츠러들기 쉽다. 단순히 지갑이 얄팍해지기도 했지만 불황이라는 사회 전반적인 분위기에 영향을 받을 수밖에 없기 때문이다. 또한 취업 준비생이 사회 진출의 첫 문을 열기가 갈수록 힘들어지고 있으며 직장인으로서 받는 스트레스도 이만저만이 아니다.

이러한 사회 분위기에서는 감성 마케팅의 일환으로 웜 마케팅

(warm marketing)을 시도해볼 만하다. '차도남' 스타일의 모델이 시크한 표정으로 디지털 가전기기를 가격과 기능, 옵션 등을 면밀하게 비교하며 구매를 독려하는 쿨(cool)한 느낌의 이미지 마케팅과는 다를 수 있다.

웜 마케팅은 물건을 사라고 강요하듯이 지나치게 상업적으로 접근하지 않는다. 따뜻한 격려, 위로, 훈훈함, 가족애 같은 이미지를 전달하면서 한국인의 '정(情)', '효(孝)' 같은 정서를 자연스럽게 자극한다.

예를 들어 초코파이의 '정' 이미지를 부각한 광고가 대표적이다. 편의점 도시락 광고에 국민 엄마로 불리는 배우 김혜자를 모델로 기용한 것도 이런 분위기를 연출하기 위한 것이다. 예전 '아버님 댁에 보일러 놓아드려야겠어요'라는 광고는 최근 섹시한 트로트 가수의 '엄지 척' 광고와는 다른 느낌이다. 이런 웜 마케팅은 자극적이지 않으면서도 잔잔하게 사람들의 기억 속에 오래 남는다.

MD 공략하기

온라인 쇼핑몰에 입점해서 판매를 촉진하기 위해서는 MD와의 협업 관계가 무엇보다 중요하다. MD를 통해야만 내 상품이 더 잘 소개될 수 있기 때문이다. MD는 어떤 일을 하는지 그 속성에 대해 알아야만 어떻게 그들과 우호적으로 파트너십을 형성해나갈지 알 수 있다. MD도 사람이기 때문에 공략할 부분이 분명히 있다.

MD란 누구인가

MD는 머천다이저(merchandiser)의 약자로 보통 상품 기획자라고 불린다. 흔히 '유통업계의 꽃'이라고도 칭하는데 그만큼 핵심적인 역할을 한다.

판매자들의 입점 제안을 검토하고 입점을 결정하며 상품 등록부터 프로모션 기획, 상품 광고 등 제반 업무를 모두 담당한다. 또한 고객과 판매자 사이뿐만 아니라 판매자와 회사 간에 가교 역할을 하며 동시에 다양한 업무를 진행한다고 해서 MD의 의미가

'뭐(M)든지 다(D) 한다'의 약자라는 우스갯소리도 있다.

온라인 쇼핑 초창기라고 할 수 있는 1990년대에는 온라인에 대한 이해를 갖춘 유통 담당자를 찾기가 어려웠다. 하나둘씩 생기는 온라인 쇼핑몰 회사들은 당시 마트와 백화점 등에서 근무 경력이 있는 오프라인 MD를 채용해 온라인 유통 방식을 재교육하며 사내 육성을 했다. 또는 온라인에 대한 이해도가 높은 직원 중에서 일부를 MD 부서로 발령 내고 이들에게 유통 업무를 가르쳐서 육성하기도 했다.

지금은 온라인 MD를 전문적으로 가르치는 학원도 생겨나고 있으며, 대학에서 관련 강의도 개설되는 등 MD 업무에 대한 인지도가 많이 확대되고 있다.

MD는 입점을 결정하고 매출에 지대한 영향을 미치기 때문에 판매자들은 MD의 업무 성격을 정확히 이해하고 효과적으로 협업 관계를 유지하기 위해 노력해야 한다.

MD에게 상품 및 프로모션을 제안하는 방법과 좋은 협력 관계를 만들어나가기 위해서는 어떻게 해야 하는지 알아보자.

MD 입장에서 생각하고 제안하기

보통 오픈마켓은 회원 가입을 하고 일정한 자격 조건만 갖추면 누구나 입점이 가능하다. 하지만 종합몰, 폐쇄몰, 전문몰 등 여타의 쇼핑몰은 심사를 통해 입점이 결정된다. 또한 입점 이후에 프로모션이나 기획전 등 설득력 있는 제안을 하려면 MD에게 제안하는 방식에 대해 숙지할 필요가 있다.

보통 입점 신청은 쇼핑몰 홈페이지에 나와 있는 담당자 이메일을 통해 제안하는데, 다음 사항을 유념하자.

제안서 제목은 핵심 내용으로 어필하라

대형 쇼핑몰 MD는 하루에도 수십 통 또는 그 이상의 입점 제안 또는 프로모션 제안 메일을 받는다. 1분 1초가 바쁜 MD가 제목만 보고도 충분히 이해할 수 있고 메리트를 느낄 수 있도록 제목부터 신중을 기할 필요가 있다.

'입점을 원합니다', '정말 좋은 상품입니다', '입점 신청서 확인 바랍니다', '프로모션 이렇게 제안하면 되나요?'. 이런 제목으로는 MD의 시선을 끌 수도 없을 뿐만 아니라 제안 내용에 대해서도 신뢰하기 어렵다. 다음의 예처럼 제안하고자 하는 상품, 브랜드, 제안 내용, 제조사 또는 판매회사 등을 기재해서 MD가 한눈에 어떤 내용인지 파악할 수 있도록 해야 한다.

예) 2018년 최신 선풍기 전 상품 입점 제안 _ 신일전자
　　○○브랜드 역시즌 50퍼센트 할인 이벤트 제안 _ LG패션

메일 내용은 한눈에 파악하기 쉽게 작성하라

'프로모션 신청합니다'라는 제목을 보고 클릭해서 메일 내용을 보니 '첨부파일 확인 바랍니다'라고 적혀 있다면 과연 첨부파일까지 읽고 싶은 마음이 생길까?

이런 사람이 있을까 싶겠지만, 의외로 이렇게 성의 없이 제안서를 보내는 경우가 많다. 나도 쇼핑몰 회사 재직 시 MD 업무 또는 신규 사업 업무 관련해서 이런 메일을 받곤 했다. 이런 메일을 보낸 회사와는 미팅을 하더라도 소득이 없는 경우가 확률적으로 많았다. 제안하는 내용은 한눈에 이해할 수 있도록 간결하게 정리해야 한다.

예를 들어 프로모션 제안의 경우, 제안 상품, 대상, 기간, 내용 등을 일목요연하게 표현한다. 제안하는 상품이 많을 경우에는 첨부파일 등으로 보강할 수 있다. 하지만 첨부파일은 보강 자료일 뿐 메일 내용만으로 충분히 어필할 수 있도록 요점 정리를 잘해야 한다.

제안서를 일목요연하게 요약하기 어렵다고 하는 사람들이 많은데 꾸준히 써보면서 가다듬는 노력이 필요하다. 이런 사람들에게는 패트릭 G. 라일리의 《강력하고 간결한 한 장의 기획서(The One Page Proposal)》를 추천한다.

제안이 채택되지 않을 경우에도 지속적으로 연락하라

쇼핑몰 회사에서 팀장, 본부장으로 재직 시 이따금 투서를 받곤 했다. '모 MD에게 입점 신청을 제안했는데 ○○벤더를 소개해주며 그 업체를 통해 거래하라'는 내용이 가장 빈번했다. 진상을 파악해서 문제점이 있다면 문책하지만, 대부분 오해로 인한 경우가 많았다. MD 한 명이 관리할 수 있는 업체의 수가 한정적이어서 메리트 없는 단품 상품을 모두 받을 수가 없기 때문이다. 이런 경우 정중히 거절할 수도 있지만 때로는 관련 상품을 취급하는 기존 입점 업체를 소개해주기도 한다.

프로모션 제안이 채택되지 않았다고 해서 실망하거나 포기하지 말고 MD에게 어떤 부분이 부족한지 문의하고 그 부분을 보강해서 다시 제안하며 지속적인 관계를 유지해나가는 것이 좋다.

MD와 원활한 관계 맺는 법

MD는 취급하고 있는 많은 상품 가운데 일부를 추천 상품이나 기획전 등으로 노출할 수 있는 구좌(상품이나 배너 등을 보여주는 공간)를 다수 보유하고 있다. 쇼핑몰 초기 화면부터 카테고리 대·중·소 분류 영역까지 다양한 구좌가 있는데 초기 화면에 가까울수록 노출 효과가 크다.

이러한 추천 상품 코너나 기획전 등에 참여하는 것이 매출을 크게 좌우하므로 MD와의 좋은 협업 관계가 무엇보다 중요하다. 그렇다면 MD와 우호적인 관계를 가지기 위해서는 어떻게 해야 할까? 먼저 MD 업무의 특성부터 파악해야 한다.

상품 경쟁력을 확보하라

MD도 조직 내에서 영업직군의 한 담당자이다. 따라서 매월, 분기별, 연도별 목표가 주어지고 목표 달성 여부가 승진뿐 아니라 연봉에도 많은 영향을 미친다. 이런 이유로 MD는 대체로 매출 상위 업체, 빅 브랜드 업체에 우호적일 수밖에 없다.

따라서 아무리 친분이 있다고 해도 무작정 밀어줄 수는 없고, 상품 경쟁력을 충분히 갖추었을 때 관심과 이목을 끌 수 있다. 당장은 어렵더라도 상품 경쟁력 확보를 위해 다양한 방안을 강구해야 한다.

신상품으로 승부하라

MD의 업무 성향도 다양하다. 많은 MD들이 온라인 쇼핑몰 업계에서 검증된 상품 위주로 광고 노출을 하는 반면 배짱 있게 신규 상품 발굴과 광고 노출에 적극적인 MD도 있다.

MD들은 누구나 자신이 발굴한 상품이 크게 히트하면 상당한 자부심을 느끼고, 정도의 차이가 있지만 대부분의 쇼핑몰 회사는 이런 신상품 발굴에 좋은 고과점수를 부여한다. 대신 은연중 자신에게 일정 기간 판매 독점권이나 차별화된 조건을 요구하기도 한다. 신상품이나 기획 상품의 경우 각 쇼핑몰 해당 카테고리의 담당 MD에게 두루 제안을 해보고 가장 적극적인 MD와 관계를 맺는 것이 좋다.

기획전에 적극 참여하라

기획전의 특성상 담당 MD가 온라인 최저가를 요구하거나 기존의 유료배송 상품을 무료배송 조건으로 요구할 수도 있고 때로는 유료 광고를 권하기도 한다. 이럴 경우 마진율이 떨어질 수 있지만 좋은 협업 관계를 위해 참여를 검토해본다. 비즈니스에서는 기브 앤드 테이크(give and take), 윈윈(win-win) 관계를 항상 염두에 두어야 한다. 케이크에 올려진 하나뿐인 체리를 빼먹는 사람처럼 상대방에게 아무런 기여도 하지 않고 자신의 이익만을 챙기려는 사람이 있다. 어느 누가 이런 체리피커(cherry picker)를 좋아하겠는가?

높은 지식과 정보로 무장하라

누구나 무언가를 배울 수 있는 사람에게 호감을 느낀다. 관련 상품군에 대한 전문지식과 해박한 경험을 갖추고 MD를 리드하는 것도 좋은 방법이다. 지금 당장은 성과가 없더라도 장기적으로 신뢰 관계를 쌓아간다면 언젠가 좋은 사업 기회를 얻게 될 것이다.

한결같은 노력과 성실함이 중요하다

판매량이 많다고, 빅 브랜드라고 해서 고자세를 유지하며 자만하고 노력하지 않으면 언제든 다른 업체 또는 다른 상품으로 대체될 수 있음을 명심해야 한다. 특정 업체 또는 특정 브랜드에 대한 의존도를 줄이고자 MD는 상품성을 강화하며 꾸준히 신뢰지수를 높여나가는 작은 회사에게도 기회를 줌으로써 기존 업체를 견제한다.

또한 모든 일은 사람과의 관계로 시작되는 만큼 사업 관계를 떠나 가끔 안부 인사를 하며 자신을 각인시키는 것이 좋다. MD 미팅 시에는 해당 업무 이외에 업계 정보를 교류하는 것도 좋다.

내가 알고 있는 정보 중 MD가 궁금해할 만한 부분이나 알아두면 좋은 내용을 공유하고, 반대로 MD에게 해당 쇼핑몰의 향후 정책이나 마케팅 계획에 대한 정보를 듣는다면 효과적으로 미리 대비할 수 있다. MD와 신뢰를 바탕으로 좋은 관계를 유지하다가 타사의 같은 카테고리 담당 MD를 소개받는 경우도 있다. 서로 경쟁 관계이지만 친분이 두터운 경우 서로 돕기도 한다.

또한 다양한 상품군으로 사업을 확장할 때는 타 카테고리 MD를 소개받기도 한다. 혼자서 처음부터 해당 MD를 찾아가는 것보다 시간적으로나 효과적인 면에서 상당히 유리하다. 이처럼 온라인 쇼핑 업무를 진행하는 과정에서 MD와의 협업 관계는 아무리 강조해도 지나침이 없다.

PMD 필링기 론칭 성공 사례

> "성공한 사례 좀 말씀해주세요!"
> 온라인 쇼핑에 관해 강의하다 보면 자주 듣는 말이다. 지금부터 하나의 아이템을 발굴하고 여러 가지 준비 과정을 거쳐 최종적으로 판매되기까지 일련의 과정을 소개하겠다.

가정용 필링기 PMD는 내가 직접 취급했던 제품이다. 메인 판매 채널은 종합몰과 홈쇼핑이었다. 미국 브랜드이며 처음에는 미국에서 생산되다가 현재는 베트남에서 OEM으로 생산되고 있다. 날짜는 대략 비슷한 시점을 기재했고, 회사명과 개인의 이름은 일부 가명을 사용했다.

2014년 9월. PMD와의 첫 만남

거래처 지인과 미팅을 하다가 우연히 가정용 필링기 PMD를 보게 되었다. 그동안 온라인 쇼핑몰이나 홈쇼핑에서 여러 가지 필링기를 보았지만 디자인이나 기능이 상당히 차별화되어 보였다. 지인은 본인이 취급할 생각이 없다며 관심 있다면 공급사를 소개해주겠다고 했다.

2014년 10월. 계약 및 발주

미국 제조사로부터 계약 등에 대해 위임받은 국내 에이전시의 대표와 미팅을 했다. 이후 국내 시장조사를 해본 결과 사업성이 좋아 보였고, 미국이나 유럽에서 이미 좋은 성과를 거둔 것도 고무적이었다. 협의를 통해 계약하고 테스트 판매 겸 1천 세트를 주문했다.

상품이 국내 홈쇼핑에도 잘 맞을 것 같았는데 일단 시장 반응을 본 다음 결정하기로 했다. 단, 국내 고객의 취향과 피부 특성에 맞게 일부 상품 수정을 요청했다.

첫째, 전 세계에 공통적으로 사용되고 있는 상품 케이스 디자인 및 매뉴얼에 나와 있는 아시아계 여성 모델은 교체할 필요가 있었다. 동양인의 고운 피부를 어필한 것인데 국내에서는 오히려 분위기 있는 서양인의 얼굴이 더 효과적일 것이라고 판단했다.

둘째, 상품 테스트 결과 필링 강도가 세서 고객 클레임 가능성이 높아 보였다. 따라서 국내 고객의 민감한 피부에 최적화되도록 필링 강도를 10퍼센트 정도 낮춰달라고 요구했다. 미국 제조사는 다른 나라에서는 주는 대로 받았는데 오히려 적극적인 모습이 좋다며 선뜻 요구에 응했다.

2015년 1월. 상품 수령 및 온라인 판매 준비

발주부터 상품 수령까지 약 2개월이 소요된다고 했는데, 거의 3개월이 지나서야 상품을 수령했다. 상품 수령 전에 미국으로부터 모델과 상품 사진 및 기타 상품 소개 자료를 받아 미리 홈페이지와 상품 상세 페이지 등을 만들어놓았다. 또한 샘플로 50세트는 미리 항공화물로 받아서 국내 대형 종합몰 MD와 미팅을 통해 상품 입점을 결정했고 오픈 이벤트도 미리 준비해놓았다.

직수입 상품이라 마진율도 좋고 국내에서 인지도를 높이는 데는 대형 종합몰이 가장 적합하다고 판단했다. 샘플 중 일부는 파워블로거들에게 보내 사용 후기 콘텐츠를 확보했으며 다행히 만족도가 높아 그들이 자발적으로 홍보해주었다.

온라인 신문기사를 통해 PMD 한국 론칭에 대한 소식도 알렸으며, 포털사이트에 검색 광고 등 본격적인 마케팅을 시작했다. 제반 준비를 미리 해둔 덕분에 상품을 수령하자마자 곧바로 판매가 가능했다.

2015년 4월. 홈쇼핑 추진

상품 가격이 20만 원에 이르는데도 짧은 기간 동안 판매 실적이 양호한 수준이었다. 리드타임을 감안하면 곧 재주문을 해야 할 시점인데 그렇다고 반응이 상당히 좋은 수준은 아니어서 홈쇼핑 판매 여부를 놓고 고민했다.

기존에 홈쇼핑에서 판매되었거나 판매되고 있는 유사 상품들을 조사해보니 PMD의 특징을 잘 어필하면 좋은 반응이 있으리라 판단되었다. 그리고 곧바로 A홈쇼핑에 제안했는데 마침 담당 MD가 과거에 미국 전시회에서 이 상품을 본 적 있다며 방송 판매를 추진해보자는 긍정적인 답변을 보내왔다. 이후 몇 차례 미팅을 가졌고 상품선정위원회에서도 통과되어 상품 QC(추천 상품)에 별 문제만 없다면 방송은 무난하게 결정될 것 같았다.

2015년 5월. 홈쇼핑 방송 결정 및 제반 준비

다행히 이후의 모든 과정이 순조롭게 진행되어 최종적으로 홈쇼핑 방송이 결정되었다. 미국 제조사에 이 사실을 알리고 홈쇼핑 진행을 위한 본격적인 준비 단계에 돌입했다. 먼저 상품과 관련된 엄청나게 많은 자료가 요구되었고 기기 시험 등이 이루어졌다. 제조사와의 계약서, 미국뿐 아니라 전 세계 각국별 판매 현황과 백화점 및 홈쇼핑 등에서 판매 실적, 미국 임상시험 자료, 인체 무해 성분 여부 시험성적서, 기기의 기능적 시험성적서 등을 준비하는 데 많은 시간과 수고가 뒤따랐다.

필링 후에 사용하는 화장품은 제조사로부터 수입하지 않고 국내에서 직접 제조하기로 하고 좋은 성분의 기능성 화장품을 별도로 준비했다. 그리고 제조사에 요청해서 홈쇼핑 방송을 위한 소모성 사은품을 지원받았고, 제조사를 설득해서 임상시험 비용의 절반도 지원받았다. 미국 제조사는 이미 미국 내 임상 자료를 확보한 상태이지만 추후 한국 이외의 아시아 국가 진출을 위해서 다양한 임상 결과가 필요한 상황이었다. 임상 비용도 상당했지만 인서트 영상 촬영비도 수천만 원에 달했다. 기기를 3D 영상으로 보여주어야 했고, 다수의 모델을 기용해서 시연할 필요가 있었기 때문이다.

오프라인 판매망 구축을 위해 백화점과 면세점 입점도 추진했는데, 메이저 백화점 2곳과 면세점 1곳이 결정되었다. 임상시험과 인서트 영상 촬영, 화장품 제조 등에 시간이 많이 소요될 뿐 아니라, 상품의 계절별 수요 예측도 감안해서 방송 시점을 정했다.

2015년 6월. 카피 상품의 등장

방송 준비로 바쁜 시기를 보내던 중 지인으로부터 B홈쇼핑 방송을 보라는 연락이 왔다. 순간 눈을 의심하지 않을 수 없었다. 카피 상품이 홈쇼핑에서 방송되고 있는 것이 아닌가? 자세히 보지 않으면 구분하지 못할 정도로 디자인이 거의 비슷했고 기능면에서도 거의 동일한 수준이었다. 더구나 누구나 알 만한 미모의 톱클래스 여배우를 게스트로 기용해서 한창 판매를 하고 있었는데, 판매 가격은 PMD의 3분의 2도 되지 않았다.

아마도 작년 가을 PMD 상품 취급을 검토할 즈음 어떤 경로를 통해 외부로 정보가 유출되었거나 아니면 올초에 온라인으로 판매되는 것을 보고 서둘러 카피 상품을 개발하지 않았나 싶었다.

판매자에게는 상품 특허 침해 사실을 알리고 판매를 중지할 것을 통보했다. 하지만 그다음 달 C홈쇼핑을 통해 다시 방송을 시작했다. 미국 제조사까지 나서서 변호사를 선임해 카피 상품 판매자뿐 아니라 C홈쇼핑까지 경고한 후에야 판매가 중지되었다. 진품보다 카피 상품이 먼저 방송되는 것을 보고 혀를 내두르지 않을 수 없었다.

2015년 11월. 홈쇼핑 론칭

그동안 준비 사항도 많았고 홈쇼핑 회사의 내부 스케줄도 고려해서 11월 드디어 첫 방송이 론칭되었다. 긴장감 속에 쇼호스트의 첫 멘트가 시작되었고 이어 판매자 대기실의 모니터에 표시되는 판매 수량에 시선이 집중되었다. 상품 기능에 대한 설명이 많기도 하고 객단가도 높아서인지 초반 판매는 상당히 저조했고 방송이 마무리될 즈음에야 안도의 한숨을 쉴 수 있었다. 최종 결과는 목표 대비 약 95퍼센트 달성. 첫 방송치고는 괜찮은 결과에 쇼호스트, MD, PD 등과 좋은 분위기 속에 방송 리뷰를 마치고 다음 방송을 기약하며 헤어졌다.

2016년 1월. 식약처 단속 그리고 방송 취소

첫 방송 후 약 한 달이 조금 넘은 시점에 식약처 단속반이 회사로 찾아왔다. 의료기기를 허가도 받지 않고 공산품으로 판매한다는 제보가 접수되어 단속을 나왔다는 것이다. 담당자는 제보 내용을 토대로 의료기기로 의심되는 부분에 대해 설명한 다음 오늘부로 판매를 중지하고 기존에 판매되었던 상품은 전부 회수하라고 했다. 또한 별도로 행정처분이 내려질 수 있다고 했다.

이미 판매된 수천 개의 상품을 회수하기도 힘들 뿐 아니라 그 손해를 어떻게 감당할지 앞이 막막했다. 또한 상당한 금액을 들여 미국 제조사에 추가 발주까지 한 상태였다. 의료기기로 허가를 받는 데 소요되는 금액도 부담이거니와 신청해서 허가를 받기까지 최소 6개월 이상은 생각해야 한다. 실로 큰 손해가 발생할 수 있는 상황이었다.

일단은 의료기기가 아닌 공산품으로 판정되는 것이 가장 중요했다. 그리고 이 부분에 대해 협의를 해야 하는 식약처와 괜한 문제를 일으키고 싶지 않아서 다음 주로 예정된 홈쇼핑 방송은 손해를 감수하고 취소했다.

나름대로 공산품임을 입증하는 자료를 준비했고 추가로 제조사를 통해 해당 상품이 판매되고 있는 해외 17개국 모든 곳에서 공산품으로 인정되고 있음을 입증하는 자료까지 첨부해서 적극적으로 소명에 나섰다. 그리고 한 달 후 식약처로부터 PMD 상품이 공산품으로 결정되었다는 통지서를 받았다. 다행이긴 하지만 그동안 판매 중지로 상당한 기회비용이 발생했다. 또한 만에 하나 잘못되었을 경우를 생각하며 마음 졸인 그동안의 고통은 말할 수가 없었다.

2016년 2월. 재판매 개시

이후 내부 재정비를 하고 다시 홈쇼핑을 중심으로 판매를 재개했다. 목표 대비 달성률이 낮을 때도 있었고 방송 중에 100퍼센트를 달성해서 방송 화면에 'SOLD OUT' 메시지가 나갈 때는 관계자들과 하이파이브를 하며 환호하기도 했다. 홈쇼핑을 통해 브랜드가 점차 알려지기 시작했으며 필링기 분야에서 판매점유율도 지속적으로 증가했다.

2017년 3월. 홈쇼핑 방송 사고

A홈쇼핑을 통해 1년이 조금 넘게 방송을 했고, 이후 여러 이유로 D홈쇼핑으로 옮겨서 방송하게 되었다. 이즈음 A홈쇼핑에서 PMD를 담당했던 쇼호스트가 D홈쇼핑으로 이직했다. 상품에 대한 해박한 지식과 노하우가 있어서 시행착오 없이 원활한 방송이 기대되었다.

하지만 시작부터 험난한 여정을 거치게 되었다. 담당 MD가 사은품으로 작은 가방을 주면 좋겠다고 해서 공급업체를 소개받았다. 샘플 가방을 같이 보고 결정했는데 홈쇼핑 물류센터에 입고하는 과정에서 상품 QC에 문제가 생겼다. 일부 가방 안쪽에 약간의 이염 현상이 발견된 것이다.

다음 날 낮 12시 방송 예정인데 이미 해는 기울고 비까지 내리기 시작했다. 8톤 트럭 2대에 상품이 가득 실려 있는 상태였고 화물차 기사는 어디로 가야 하냐고 재촉했다. 그 순간 어떻게 수습해야 할지 막막했던 기억이 아직도 생생하다. 다행히 근처에 거래처가 있어서 차를 그쪽으로 돌렸고, 가방 회사에 연락해서 가방을 다시 가져오라고 한 다음 직원들을 모두 소집했다. 그리고 그날 가방 회사뿐 아니라 우리 회사의 직원들까지 모두 모여 밤을 새워 재포장 작업을 했고, 방송 직전에야 간신히 입고할 수 있었다.

그리고 이후

지면의 한계로 언급하지 못한 부분도 꽤 많다. 수입 과정에서 상품 구성이 잘못된 상태로 들어와 방송이 펑크 날 뻔한 상황에서 항공택배로 급히 들여와 겨우 처리한 적도 있다. 쇼호스트의 과다 의욕으로 인해 방송 중 본인이 말한 멘트를 취소하는 아찔한 사고도 있었다. 홈쇼핑 방송을 마무리하고 온라인에서 할인 판매 등 다양한 프로모션을 통해 남은 재고를 처리했다.

PMD 필링기를 사례로 선택한 것은 이 책에서 다룬 내용들과 관련된 부분이 많기도 하지만, 개인적으로 가장 많은 우여곡절을 겪었기에 이런 부분을 생동감 있게 보여주고 싶었다.

상품 하나를 론칭하는 데는 많은 준비와 노력이 필요하다. 많은 상품들 가운데 어떤 것을 취급할지 결정하는 것도 쉬운 일은 아니지만 잘 판매될 수 있도록 다방면으로 준비하는 과정도 결코 녹록지 않다. 어렵게 출시를 했지만 차가운 시장 반응에 어깨가 처질 때도 있다. 또는 기대 이상의 고객 호응이 있으면 뿌듯함과 자신감을 느끼기도 한다.

준비한 상품이 좋은 반응을 이끌어내어 히트 상품의 반열에 오를 수 있을지 또는 정반대의 경우가 될지 예측하기는 쉽지 않다. 하지만 성공 확률을 조금이라도 높이기 위해서는 꾸준한 노력이 필요하다.

프로야구 타자의 경우 10번의 타석에서 안타를 평균 두 번 치면 2할 타자로 내년을 기약할 수 없지만 안타를 세 번 치면 3할 타자로 억대 연봉에 등극하게 된다. 온라인 쇼핑 사업도 마찬가지다. 만족할 만한 사업 결과를 얻기 위해서는 히트 상품을 보는 안목과 히트 상품으로 만들 수 있는 역량을 지속적으로 키워나가는 것이 무엇보다 중요하다.

사은품 전략

포털사이트 다음에서 쇼핑 관련 마케팅을 담당했을 때의 일이다. 당시 고객 로열티 강화를 위한 다양한 프로모션을 진행했다. 자동차보험회사와 제휴를 통해 이벤트 1등 선정자에게 경품으로 자동차를 제공하기도 했다.

한번은 구매 고객을 대상으로 1등에게는 100만 원 상당의 금목걸이 세트를 경품으로 주는 이벤트를 기획했다. 해당 경품은 브랜드 홍보 목적으로 당시 미스코리아 왕관을 제작하는 업체에서 협찬했다. 이벤트가 마무리되고 며칠 지나지 않은 어느 날, 협력사 담당자에게 다급한 전화를 받았다.

"지금 빨리 뉴스 좀 보세요."

급히 뉴스를 확인해보니 당시 시청률 1~2위를 다투던 지상파 TV의 메인 저녁 뉴스에 며칠 전 진행했던 이벤트가 다뤄지고 있는 것이 아닌가. 내용인즉 제보자가 모 쇼핑몰의 이벤트에 선정되어 경품으로 목걸이 세트를 받았는데 종로에 있는 금은방에 가서 팔려고 하니 금값이 100만 원에 훨씬 못

미치더라는 것이었다.

해당 목걸이 세트는 금 이외에 여러 가지 보석이 박혀 있고 국내 유명 디자이너가 세공한 것인데 단순히 금 무게만으로 가격을 판단하다니 황당할 따름이었다. 자전거를 철값으로, 가방을 가죽값으로만 가격을 매길 수 없을 텐데 말이다. 결국 한바탕 해프닝으로 마무리되었다.

흉흉한 일들이 종종 발생하다 보니 반가운 소식이 되어야 할 경품 안내가 곤혹스러울 때도 있다. 경품에 선정되었다고 이메일이나 전화로 소식을 전해도 시큰둥한 고객이 있다. 경품 수령에 따른 제세공과금을 입금하라고 하는 순간에는 보이스피싱 취급을 당하기도 한다. 사은품은 여러 가지 가능성을 고려해 조심스럽게 결정해야 한다.

초격차 영업법

이정식 지음 | 14,300원

장기불황·저성장·서든데스 시대, 경쟁자가 감히 따라잡을 수 없는 초격차 기업들만의 현장 전략!

'초격차 영업 4P모델'은 저성장은 물론 역성장시대에도 매출을 올릴 수 있는 영업 전략 모델이다. 이는 영업 프레임워크를 위한 '전략 영업'과 이런 전략을 실행에 옮기는 '실행 영업', 그리고 효율과 생산성을 만들어 낼 수 있는 '프로세스 영업', 마지막으로 단기적 성과는 물론 장기적 성과를 낼 수 있는 '성과 영업'을 말한다. 그리고 이 책에서는 이를 쉽게 이해하고 자신의 영업 상황에 적용 가능하도록 설명한 것을 담고 있다.

창업은 브랜딩이다

김영수, 조진희, 정의홍 지음 | 15,000원

100여 개 브랜드의 론칭과 리뉴얼, 경영 등 브랜딩 전략 프로젝트를 수행한 컨설팅 그룹의 창업자를 위한 브랜딩 전략'

고객이 우리 회사를 찾지 않는 이유를 알 수 없었다면, 신사업을 구상하는데 어디서부터 시작할지 막연하다면, 왜 내 창업은 늘 수명이 짧은지 답답하다면, 이 책을 읽자. 100여 개 브랜드를 성공적으로 론칭, 리포지셔닝한 브랜드 모델링 전문가가 내 비즈니스 이해를 바탕으로 시장과 경쟁자 분석, 고객 분석, 장기 전략 수립까지 '창업을 위한 브랜딩'의 모든 것을 알려준다.

브랜딩의 관점에서 비즈니스를 재정의하고, 세부 경영 전략을 세우는 이 책은 저자의 풍부한 사례, 국내외 성공 사례 분석을 바탕으로 내 비즈니스에 맞는 브랜드, 찰나가 아니라 100년 가는, 스토리를 가진 영속하는 브랜드를 만드는 매뉴얼을 제공한다.